WOLF BIERMANN

PARADIES UFF ERDEN

Wolf Biermann

Paradies uff Erden

Ein Berliner Bilderbogen

VERLAG
KIEPENHEUER
& WITSCH

1. Auflage 1999

© 1999 by Wolf Biermann
© 1999 by Verlag Kiepenheuer & Witsch, Köln

Lektorat: Hubert Witt

Umschlaggestaltung: Frank Benno Junghans, Berlin
Umschlagfoto Wolf Biermann: Irene Vezin
Foto Apfel: Monika Bergner, Berlin
Gesetzt aus der Garamont Amsterdam (Berthold)
bei Kalle Giese Grafik, Overath
Druck und Bindearbeiten:
Graphischer Großbetrieb Pustet, Regensburg
ISBN 3-462-02831-6

Ohne diese scharfe Neugier
Meiner anvertrauten Liebe
Wärn wir schön zuhaus geblieben
Und die Verse hier im Büchlein
Blieben alle ungeschrieben

INHALT

Um Deutschland ist mir gar nicht bang
Die Einheit geht schon ihren Gang
   unterm Milliardenregen
Wir werden schön verschieden naß
Weh tut die Freiheit und macht Spaß
   ein Fluch ist sie, ein Segen

     Heimweh nach früher hab ich keins
     nach alten Kümmernissen
     Deutschland Deutschland ist wieder eins
     nur ich bin noch zerrissen

Um Deutschland ist mir gar nicht bang
Die deutsche Wunde ist noch lang
   nicht ausgeheilt, es rinnen
Schmerzbäche, wo die Narbe klafft
Nur blutet jetzt der schwarze Saft
   statt raus tief tief nach innen

     Heimweh nach früher hab ich keins
     nach alten Kümmernissen
     Deutschland Deutschland ist wieder eins
     nur ich bin noch zerrissen

Um Deutschland ist mir gar nicht bang
Und ich als Weltkind mittenmang
   ob Wissen oder Glauben
Ob Freund ob Feind, ob Weib ob Mann
Die liebe Muttersprache kann
   kein Vaterland mir rauben

     Heimweh nach früher hab ich keins
     nach alten Kümmernissen
     Deutschland Deutschland ist wieder eins
     nur ich bin noch zerrissen

I

VOM KIEZ

Wir schifften uns ein für die Sightseeing-Tour
Mit meiner Fischkopflady am Kai
Zur Spreefahrt mit Kapitänquasselei
Mit Molle und Fresserchen gratis. Vorbei
Schwimmt Rosas Leiche im Landwehrkanal
»Lang se ma her, aba drück se nich so sehr ...«
Zwei Schleusen raufrunter, die Reise ging quer
Bei Oberbaumbrücke von West nach Ost
Da! EAW Treptow. Da hab ich malocht!
Ich zeigte meinem Westmädchen: Da!
Betonwerk vom Rummelsburger Knast
Das war mal – ist alles längst nicht mehr wahr

    Mich zieht es nicht mehr in seinen Bann
    Ich brauch dies Kaff nicht an der Spree
    Weil: Westberlin geht mich gar nix an
    Und Ostberlin tut mir weh

Und als unser weißer Spreedampfer schwamm
Am Scheunenviertel vorbei, Mon Bijou
Schon sah ich die Brücke am Weidendamm
Dort wo ja die Friedrichstraße sacht
Den Schritt über das Wasser macht
Mein preußischer Gußeisenadler riß
Sich los vom Geländer, ein Schnabelbiß
Schon war meine Leber raus, er flog
Zurück und fügte sich wieder ein
Ins Brückengeländer. Ich wollte schrein
Und konnt nicht. Die Sonne vom Himmel log
Das Blaue herunter auf diese Stadt

    Mich zieht es nicht mehr in seinen Bann ...

Vorbei bei Brecht am Schiffbauerdamm
Das Institut Robert Havemann
Für Physikalische Chemie

Die Marschallbrücke vorm Reichstag. Sieh:
Der Drahtverhau unter Wasser war
Für Fische aus Fluchtmensch-Material
Die Einschüsse in der Granitwand. Tja!
Schon lange her... vorbei... egal
Hier war im Kalten Krieg die Front
Das Parlament krönt ein Glaskuppeldach
Die Baukräne schneiden den Horizont
Westauge weint, Ostauge lacht

> Mich zieht es nicht mehr in seinen Bann ...

Ach, Meleken, nimm mich hier wieder weg
Komm mit nach Hause, nach Altona
Zu'n Fischköppen an dem Elbestrand
Mir schmeckt Finkenwerder Scholle mit Speck
Doch besser als Eisbein mit Sauerkraut
Und wenn mich doch mal das Heimweh umhaut
Nach meinen Freunden in diesem Berlin
Dann mußt du mich küssen und runterziehn
Ins weiche Gras am Elbedeich
Bei Freihafenkrach und Möwenschrei
Damit ich vergessen kann, was ich verlor
Dann trällere mir mein Lied ins Ohr:

> Dich zieht es nicht mehr in seinen Bann
> Du brauchst dies Kaff nicht an der Spree
> Weil: Westberlin geht dich gar nix an
> Und Ostberlin tut dir nur weh

Hamburger Nieselregen über Wilmersdorf
Am Roseneck fließt buntes Blech von Potsdam her
Gesichter hinterm Windschutzscheibenwisch amorph
Und jedes zehnte elfte zwölfte Haus steht leer

Paläste aus der Gründerzeit mit Baumbestand
Die leeren Herrenhäuser stehen zum Verkauf
Berlin bereitet sich zum Dienst am Vaterland
Und nimmt die Flüchtlingsströme aus dem Rheinland auf:

Minister und Regierungsräte, auch das Heer
Der Hinterbänkler: Parlament auf First-Class-Flucht
Wer bald kein Dach hat überm Kopf, findt keines mehr
Die Käseglocke überm Reichstag wird 'ne Wucht

Im Kosovo ziehn Flüchtlingsströme aus dem Krieg
In Afrika fliehn ganze Völker in den Tod
Und als Tschetschenien halb entvölkert wurde, schwieg
Auch ich. Da sah ich schwarz vor Augen und nicht rot

Wir stumpfen ab beim Glotzen auf das Flüchtlingsleid
Land Brandenburg wird stolpesauber fremdenfrei
Es reinigt sich das Vaterland mit Gründlichkeit
Kanakenklatschen, Tradition der Hitlerei

Die Endlösung, die Wannseevilla, Flucht, Exil
Nah Grunewald das Haus vom Wissenschaftskolleg
Der Jude Joffé, renovierter Jugendstil
Die US Army-High-School vorn am Hüttenweg

Und jedes zehnte elfte zwölfte Haus steht leer
Gesichter hinterm Windschutzscheibenwisch amorph
Am Roseneck fließt buntes Blech von Potsdam her
Hamburger Nieselregen über Wilmersdorf

Das Herz vom Prenzlberg schlägt auf dem Kollwitzplatz
Da spieln vom Kiez die Kinder Arschlochhochamerika
Was kümmert es so'n Ostberliner Hosenmatz
Ob Papa Stasispitzel oder Dissi war
Die Kids baun Burgen, baggern Matsch und buddeln Loch in Sand
Spieln Fange, schaukeln, klettern, kreischen auf dem Karussell
Verrückte Frage, auf die nie kein Mensch 'ne Antwort fand:
Ein Kind wird Mucker – und das andre ein Rebell

Ne kleene Mickeymaus zieht immer ihre Hose aus
Een kleener Rüpel rennt mit Oma ihre Pampers los
Det wilde Brüderchen will immer ausn Wagen raus
Ein Power Ranger muß bei Muttern uffn Schoß
Ein blasser Spackn gibt mit seinem BMX was an
Ein Pärchen auf der Banke macht im Knutschen Leistungssport
Bei Käthe Kollwitz zeigt ein Steppke einem alten Mann
Sein Gameboy und den supergeilen Megasort

Und alle glotzen, weil da'n Vater seinen Sohn verdrischt
Der Affe formt das Balg nach seinem edlen Ebenbild
Was wir seit Adam-Eva wissen, wird hier aufgefrischt:
Zum Menschendriller wird der Mensch ja erst gedrillt
Et regnet Rufe uff die Kleenen. Rüder Redeschwall:
Hau ab! Komm her! Halt still! Mach hinne! Trink dein Fläschchen Milch!
Los, Orje! Laß dis nette Määchen ooch ma deinen Ball!
Nee, Jenka, wenn er haut, denn spiel nich mit den Knilch!

Hier wirkt das Urgesetz, dem keiner von uns je entflieht
Ein Klagelied geht komisch um die Welt, millionenfach:
»Gott, man erzieht die Görn, erzieht... erzieht... erzieht
Tja und dann machen sie ei'm trotzdem alles nach.«
Ob Papa Stasispitzel oder Dissi war
Bald kümmert es dann doch so'n Ostberliner Hosenmatz
Noch spieln die Kinder Arschlochhochamerika
Das Herz vom Prenzlberg schlägt auf dem Kollwitzplatz

Berlin Berlin Berlin Berlin
Das Hitlerflittchen, zur Feier
Des Sieges wurde gevierteilt und
Gefesselt an vier neue Freier
Und mit den Russen kam Ulbricht uns
Der dschugaschwilische Deutsche
Der sächsische Quisling dressierte sein Volk
Mit einer zaristischen Peitsche
Die Russen rauchten Machorka, doch
Die Amisoldaten und Briten
Die rauchten Virginia, spielten Jazz
Und hatten manierliche Sitten
Auch sie rissen der zerrissnen Stadt
Den Rock hoch und runter die Hosen
Als vierte Großmacht fummelten mit
De Gaulles elegante Franzosen.

> Doch mein Kiez, das ist Mitte Berlin
> Mit Wehmut und auch weißem Neid
> Genieß ich schwarze Nostalgie:
> Ein Hauch Vergangenheit

Und weil ich nun mal nach Mitte gehör
Drum bleib ich der Biermann vom Osten
Vor unserem Eckhaus Chausseestraße stand
Die Stasi: Tag und Nacht Posten
Maus, Rotjacke, Grünrotz und Schiefmaul und Mops
Auch Mehlhose hieß da ein Spitzel
Schräg gegenüber der Klassenfeind:
Die Bonner Botschaft als Kitzel
Ich lief gestern abend stundenlang
Mit einem Freund aus Manhattan
Ich zeigte ihm: Zeughaus, Die Linden und
Nicht so attraktive Stätten
Nah bei der Charité, wo einst

DDR-Staatsanwalt Josef Streit saß
Als ein Mercedes der Staatssicherheit
Mal kurz meine Schnellsterblichkeit maß

    Doch mein Kiez, das ist Mitte Berlin
    Mit Wehmut und auch weißem Neid
    Genieß ich schwarze Nostalgie:
    Ein Hauch Vergangenheit

Der Tränenpalast wo nachts Punkt zwölf
Kein Grenzer die Tür mehr aufmachte
Dort wo ich manchmal den Dutschke, ach
Und oftmals die Mutter hinbrachte:
Vorbei! Passé! Tja, futsch is futsch
Mein Heim wird Berlin nie mehr werden
Auch ich hause nur als flüchtiger Gast
Im Gasthaus zur Brennenden Erde
Am Mon-Bijou-Park stehn im Dunkeln Spalier
Aus Rußland so Mädchen, die nackt sind
Bis hoch in das Herz. Paar Einsamer fahrn
Vorbei, weil sie einsam beknackt sind
Da steht ein halbes Kind, das heißt
Mal Lena, Swetlana, mal Olga
Und träumt von ihrm allererstem Freund
In einem Dorf an der Wolga

    Doch mein Kiez, das ist Mitte Berlin
    Mit Wehmut und auch weißem Neid
    Genieß ich schwarze Nostalgie:
    Ein Hauch Vergangenheit

Der Hugenottenfriedhof gehört
Mir allerdings ganz persönlich
Ich hab ihn schließlich besungen, und
Det macht ihn nich grade jewöhnlich
Die alte Maria, das Hutzelweib aß
Ihrn Matjes am Grabmal beseeligt
Sie hab ich wie Becher gefeiert und Brecht
Hermlin hab ich auch da verewigt

Und wenn mir das Pack aus Stacheldraht
Auch Lorbeerkränze flöchte
Du, rat mal, wo ich dermaleinst
Zur letzten Ruh schlafen möchte
Bei denen? – O nein! Ich will – ich auch –
Mein Grab schon gar nicht hier, Mann!
Ich brauch gar keins, denn ich fahre im Rauch
Zu Dagobert Israel Biermann

> Doch mein Kiez, das ist Mitte Berlin
> Mit Wehmut und auch weißem Neid
> Genieß ich schwarze Nostalgie:
> – ein Rauch Vergangenheit

Das Brechthaus scheidet ein Mäuerchen bloß
Vom Brechtfriedhof, und da wohnte Herr Brecht
Der hübsche Hinterhof ist nicht groß
Da kann man schön sitzen, und mir wurde schlecht
Gekaut hab ich sie bis zum Morgengraun, denn
Die Schweinshaxe kam mir im Schlaf wieder hoch
Scharfkrustig mit Kraut und serviert mit Kren
Die Kneipe beim Brechtarchiv hat einen Koch

Der hatte ein Sägestück faulfettes Bein
Von Mutter Courage aus dem Tiefkühlfach
Im Mikrowellenherd, nah dem Leichenstein
Der Weigel, für mich einfach warm gemacht
Der kocht nach Rezepten von Brecht seinem Weib
Echt Österreich-Augsburger Kochkünste. Ach!
Mir stiegen Gerüche hoch aus meinem Leib
Wie echt bühnenbayrische Flüche, ach…

…ach was! Ich hätte den Fraß nie zurück
Zur Küche geschickt, denn die Kellnerin war
So unschuldig, bon-appetitlich zum Glück
Im Brechthaus kein Licht an, kein Brecht-Archivar
Kein Meister kein Schüler, Helene nicht
Im Glaskastenzimmer kein Bein an Bein
Da oben lagert Gedicht an Gedicht
Das Weltgenie fand hier sein letztes Heim

Von hier aus machte er sich davon
Und ist in den Dichterhimmel geschwebt
Wir Nachgeborenen sterben schon
Brecht aber lebt und lebt und lebt
Es leben mit ihm auch all seine Fraun
Ruth Berlau, die Hauptmann. Da liegt auch sein Feind
Johannes R. Becher, der Staatshymnen-Clown
Der Friedhof hier hat sie auf ewig vereint

Ich kam ins Erzählen. Und aus L.A.
Pete Miller, der kriegte den Hals gar nicht voll
Charles Laughton! Ernst Busch spielte auch »Galilei«
Die Weigel als Wlassowa war einfach toll!
Den Meister hab ich schwer verteidigt, weil er
Margrete Steffin, ach! mit gutem Grund da
In Moskau alleine ließ auf seiner Flucht
Zum Klassenfeind nach Amerika

Brecht schritt nicht mehr über den Rubikon
Im kommunistischen Blut-Abendrot
Ach, wie er sich nach der Geheimrede von
Chruschtschow davon gemacht hat in den Tod
Brechts Geist war um uns und wundersam
Wir haben gebrechtelt bis Mitternacht
Doch vor noch die Geisterstunde kam
Habn wir uns lieber davongemacht

Was jammerst du über die Schläge noch
Von damals, du Unglücksrabe
Mich schmerzen am meisten die Schläge, ach! die
Ich leider nicht ausgeteilt habe
Wir waren doch keine Opfer nicht
Will sagen: nicht nur und hauptsächlich
Wir haben uns doch ganz gut gewehrt
Und waren nicht so zerbrechlich

    Du lebst doch viel besser als vorher
    Und das muß dich nicht genieren
    Komm mit mir in den Bürgerpark
    Da gehn wir schön spazieren
    Du lebst auch viel schlechter als vorher
    Und das soll dich nicht verbittern
    In Pankow anner Panke laß
    Uns schweigen und Enten füttern

Wir waren doch Täter im besten Sinn
Die Herrschenden haben gezittert
Die haben im Wald hinter jedem Baum
Den Attentäter gewittert
Die hatten doch Angst vor jedem Wort
Und saßen wie Knackis in Wandlitz
Die Spitzel warn Spanner und sahen uns zu
Im Schlafzimmer durch den Wandschlitz

    Auch lustiger lebt sichs als vorher
    Das muß dich doch nicht vergrätzen
    Komm mit mir in den Bürgerpark
    Von alten Zeiten schwätzen
    Auch trauriger ist es als vorher
    Und das muß dich nicht verhärmen
    In Pankow anner Panke laß
    Uns von neuen Zeiten schwärmen

Und die uns verwanzten, sie hörten voll Neid
Lustkeuchen und Kichern und Lachen
Mensch! wir konnten Witze auf Honecker, doch
Nie der über uns welche machen
Ich sehe die Jahre der Tyrannei
Nicht nur im verklärten Lichte
Als monotone Leidenszeit
Wir warn nicht so traurige Wichte

    Auch ich lebe heißer als vorher
    Mich wärmt eine neue Sonne
    Komm mit mir in den Bürgerpark
    Heut ist Berlin 'ne Wonne
    Wir leben auch kälter als vorher
    Auf Sonnenschein folgt schön Regen
    Der Regenbogen steht so schön
    Da wolln wir uns drunter legen

Wir haben dem Drachen in Rachen gespuckt
Das will ich uns niemals vergessen
Wir haben gelacht und gesungen und Schmalz
Mit Grieben und Äpfeln gegessen
Auf jeden Fall lebten wir lustiger als
Die mächtigen Trauergestalten
Wir boten den kleinen Göttern die Stirn
Als wärens Naturgewalten

    Wir leben verrückter als vorher
    Auch das ist kein Grund zum Klagen
    Komm mit mir in den Bürgerpark
    Dein' Mops ins Wasser jagen
    Der Maulkorb ist ab – das ist doch gut!
    Die Freiheit muß dich nicht grämen
    In Pankow an der Panke wolln
    Wir uns für das Glück nicht schämen

Doch laufe ich durch die Folterzelln
Im »U-Boot« in Hohenschönhausen
Dann kommen mir all meine Lieder vor

Wie harmlose Kinderflausen
Dann merk ich: Ich habe nur Glück gehabt
Und dann vergeht mir das Lachen
Dann weiß ich nur, daß wir dasselbe nie
Niemals mit denen machen

Das Leben ist süßer als vorher
Nun laß es dir nicht versalzen
Komm mit mir in den Bürgerpark
Um schöne Mädchen balzen
Das Leben ist bittrer als vorher
Auch das soll uns nicht verbittern
In Pankow anner Panke laß
Uns schweigen und Enten füttern

Es ist nicht alles Gold, was glänzt, doch dies ist pures Gold
Da wo die Straßenbahn wie einst zum Hackschen Markt hin rollt
Oranienburger Straße strahlt im noblen Preußenblau
Die Synagoge: byzantin-berliner Kuppelbau
Bezahlt mit Dollars, doch das Blattgold muß aus Zahngold sein
Im Scheunenviertel wimmelt es von Juden, aber kein
Nicht einer ist zu sehn, kein Kohn, kein Katz, kein Meyerhold
Es ist nicht alles Gold, was glänzt, doch dies ist pures Gold

  Ob heißer Krieg, ob kalter Krieg
  Ob falsch, ob wahrer Frieden
  Du, komm mir nicht dämlich mit Freud und Leid
  Ich atme Staub im Steinbruch der Zeit
  Die Zukunft wird nämlich entschieden
  Im Streit um die Vergangenheit

Wenn ich die Potse runterfahr und kreuze den Kanal
Durchzuckt ein Schmerz mich, der nicht weh tut, komisch: jedesmal
Spreekähne, Rosa Luxemburg als Leiche schwamm da auch
Dann denk ich: Sind so Namen wirklich nichts als Schall und Rauch?
Wer weiß, ob sie gemordet hätte unterm Freiheitsbaum
So Märtyrer beflügeln immer noch mein' Menschheitstraum
Ich brauch so Hoffnung ohne Grund in diesem Jammerthal
Wenn ich die Potse runterfahr und kreuze den Kanal

  Ob heißer Krieg, ob kalter Krieg...

Potthäßlich protzt das Krieger-Mahnmal der Sowjetunion
Im Plänterwald in Treptow toten Helden wie zum Hohn
Bombastisch kitschverkorkst steht ein Soldaten-Monument:
Der Rotarmist mit Kind und Schwert. Doch eine Flamme brennt
In meinem Herz, solang ich lebe, die heißt: Dankbarkeit
Wir selber nicht, doch Stalins Sklaven haben uns befreit
Was kriegten die Muschkoten, die mich retteten, zum Lohn?
Potthäßlich protzt das Krieger-Mahnmal der Sowjetunion

  Ob heißer Krieg, ob kalter Krieg...

Im Zentrum unterm Kränewald, da wächst ein Babylon
Aus Geldmacht, Architektenstolz, aus bestem Stahlbeton
Scharf kalkulierte Nützlichkeit, kaschiert mit Marmorstein
Baugruben, tief! ... erschossen paßte da die Menschheit rein
Der durch Ruinen unterm Bombenhimmel ging: der Wind
Wind streicht durch Baugerippe, wo noch keine Wände sind
Im Grunewald, im Grunewald ist Holz - au - k - zion
Im Zentrum unterm Kränewald, da wächst ein Babylon

> Ob heißer Krieg, ob kalter Krieg
> Ob falsch, ob wahrer Frieden
> Du, komm mir nicht dämlich mit Freud und Leid
> Ich atme Staub im Steinbruch der Zeit
> Die Zukunft wird nämlich entschieden
> Im Streit um die Vergangenheit

II

BERLINER ORIGINALE

KOHLEN-OTTO

Der Kohlen-Otto, wenn ich an ihn denke
Dann leuchtet seine Glatze auffer Stirn
Ich seh drei Haare, die er lässig kämmte
Über sein Kohlenträger-Kraftgehirn
Er stapelte fürn Trinkgeld alten Weibern
Im Morgenrock den jungen lieber noch
Briketts auf den Balkon, nicht nur in Keller
Er trug fürn Lächeln auch sechs Treppen hoch

> Det war der schnieke Kohlen-Otto
> een Kerl mit jrundsolidn Flattersinn
> een Kumpel uffn Kietz, een ausjebuffter Schatz
> un früh der erste immer uffn Kohlenplatz
> ach Otto, wo sin deine Haare hin

Sofort nach Arbeit warf er sich in Schale
Sah aus wie 'n Graf Koks vonner Gasanstalt
Kavalierstuch im Jackett, ein flotter Freier
Strauß Blümchen inner Faust, wie frisch verknallt
In mancher Kneipe war er bester Kunde
Und schmiß 'ne Lage, schenkte seinen Strauß
Galant 'ner Dame und gab noch 'ne Runde
Vor Kraft konnt er nicht stehn, drum ging er raus

> Det war der schnieke Kohlen-Otto...

Ging raus, nicht ohne vorher zu entwinden
Der Dame sein Gemüse – Sag, wieso
Konnt Otto die es nie gab: Blumen finden
Im Sozialismus – tja, der wußte: Wo!
Und im »Johanniseck« hat sich dann Otto
Noch drei vier Schnäpse ins Gehirn gestaut
Und schenkte seinen frischen Strauß von vorher
Irgend 'ner andern sehnsuchtswelken Braut

> Det war der schnieke Kohlen-Otto...

So zog er von Destille zu Destille
Die »Bärenschenke« war sein Schlußquartier
Er torkelte wie hingemalt von Zille
Zur Linienstraße als ein wundes Tier
Mal sah ich ihn auf allen vieren kriechen
Noch in der Faust hielt er die Strunken fest
Von bösen Blumen, die nach Sterben riechen
Von Kotze und von Regen sanft durchnäßt

      Det war der schnieke Kohlen-Otto...

Um manche Mitternacht kam er nach Hause
Briet sich ein Schnitzel, das er fröhlich fraß
Das war sein Hochgenuß nach so 'ner Sause
Der Kerl war lebenshungrig, doch vergaß
Er dieses Mal, das Gas auch anzuzünden
Rechtschaffen müde schlief er selig ein
Die Gründe wollte keiner groß ergründen
Und keiner fragte nach dem Totenschein

      Det war der schnieke Kohlen-Otto...

Er wachte auf im Kohlenträgerhimmel
Als schwarzer Engel kann er runtersehn
Aufs Brandenburger Tor ins Volksgewimmel
Der Jubel, als die Mauer fiel, war schön
Und manchmal steigt er leis herab nach »Mitte«
Und schleppt paar Zentner hoch fürn altet Weib
Am liebsten aber für 'ne dufte Titte
Im Paradies is dis sein Zeitvertreib

      Det war der schnieke Kohlen-Otto
      een Kerl mit jrundsolidn Flattersinn
      een Kumpel uffn Kietz, een ausjebuffter Schatz
      un früh der erste immer uffn Kohlenplatz
      ach Otto, wo sin deine Haare hin

Zu meine Zeiten isses so jewesen
Fürn schnellen Wodka im Vorüberjehn
Stand vorne anner Tür gleich links der Tresen
Da war de Welt noch Ost und West und scheen
Im »Hundertsechzehn« – det war wahret Leben
Die Freßkaschemme Ecke Willempieck
Wo tote Fliegn anne Lampen kleben
Mit qualmverjilbte Fotos von vorn Krieg

> Die Friedrichstraße wird 'ne Glitzermeile in Berlin
> In kalte Pracht für manche Art Verkehr
> Doch meine Kneipe »Hundertsechzehn« ist hin, dahin
> So'n Paradies uff Erden jibts nie mehr
> > … det jibts nie mehr

Der Kellner »Al Capone« kiekte fiese
Die alte Wirtin war in den vernarrt
Mein Laden bleibt privat! war die Devise
Drum strafte Gott sie mit een Knebelbart
Für dreißig Pfennje Ost gabs Erbsensuppe
Die roch nach Heldentod fürs Vaterland
Serviert von eene blondjelockte Puppe
Der fraßen die Studentn ausser Hand

> Die Friedrichstraße wird 'ne Glitzermeile in Berlin…

Für eene Mark jabs noch mit Bockwursch drinne
Ick wette: Keen Gourmet hat so viel Spaß
Wir glotzten nach die zwee Serviererinnen
Aus ihre Hände schmeckte jeder Fraß
Im Ammoniak vor der jeteerten Rinne
Schrieb ich beim Pinkeln anne Wand schwarzweiß
»Nur du verzauberst meine rohen Sinne
Mimi! ick bin uff dir so heiß!«

> Die Friedrichstraße wird 'ne Glitzermeile in Berlin…

Mimi und ihre schwarzjefärbte Schwester
Mit Kuschelmollis, praktisch zum Serviern
Die konnten durch Jedränge und Jeläster
Sechs Stramme Maxe sicher balanciern
Uff Tallje drall geschnürt die weißen Schürzchen
Wie Marilyn Monroe mit Portemonnaie
Ich schluckte runter, ließ mein Erbsenfürzchen
Und weeß, det ick die nie mehr wieder seh

     Die Friedrichstraße wird 'ne Glitzermeile in Berlin...

Mimi is tot, da kam nix inne Presse
Die beeden wollten immer schon abhaun
Die hatten eben keene Reisepässe
Vablutet is Mimi im letzten Zaun
Der Stacheldraht is weg und längst vajammelt
Die Mauer wird vakooft als Souvenir
Und daß er echte Grabstein-Stückchen sammelt
Det merkt von die Touristen keener hier

     Die Friedrichstraße wird 'ne Glitzermeile in Berlin
     In kalte Pracht für manche Art Verkehr
     Doch meine Kneipe »Hundertsechzehn« ist hin, dahin
     So'n Paradies uff Erden jibts nie mehr
             ...det jibts nie mehr

Ick bin schlau: zog meine Jette
Nich gleich ersten Tach in't Bette
Ers mal schnuppern und probieren
Ers mal schäkern und poussieren
Immer Kavalier! wie't sin muß
Wenn se nich will – eben keen' Kuß
Is nich meine Art, ick mache
Nie uff Rambo: gleich zur Sache

> Det jefällt mir: zärtlich zutschen
> Ick fang ers mal an mit Knutschen
> Und so'n Knutschfleck, der warnt jeden:
> Diese Lady is vajeben!

Jestern Sonntach an den Wannsee
In det Vatertach-Jefei're
Jing ick mächtig an se ran. Nee
Keen Jesülze, keen Jeseire
Wenn schon – denn schon! Weil ick denke
Wenn ick mir an ihr vaschenke
Wird se wissen wat se an mir
Hat: Ick bin ihr kleener Vampir

> Det jefällt mir: Öhrchen zutschen . . .

Sie trank Sekt und ick 'ne Molle
Und denn jing et voll in't volle
Und in' Ruderkahn war't wacklich
Jette war schon halbe nackich
Und hat allet mitjemacht
Und da hab ick sie jesacht:
Komm, jetzt spielen wir Vampir:
Liebste mir – denn lieb ick dir

> Det jefällt mir: Nippel zutschen . . .

Jette, du bis eene Nette
Und ick finde dir nich fette
Mollig biste! eene wahre
Venus mit die langen Haare
Und wenn du so lachen tust
Und in meine Arme ruhst
Ja, denn denkt mein Herz bei sich:
Diese! Oder keene nich!

Und nu wird et ooch bald flutschen
Aba nie nich ohne Knutschen
Denn so'n Knutschfleck, der warnt jeden:
Diese Lady is vajeben!

In Friedrichshagen am Müggelsee
Lief mit mir im Tunnel unter der Spree
    ein Schrat, ein zerzauster Geselle
Ich wollte alleine spazierengehn
Die Teufelsinsel im Herbstkleid sehn
    wir stiegen die Stufen ins Helle

Ich gaffte ihn an, er fixierte mich
Sein Outfit irritierte mich
    Karl-Marx-Bart mit Nickelbrille
Ich stotterte: Kenn ich Sie irgendwoher?
Er grinste: Gewiß, warum nicht, mein Herr
    ich bin doch der Peter Hille

Der Peter Hille?! vom Dichterkreis?!
Der seine Gedichte, wie ich wohl weiß
    auf Bierdeckel schrieb und verschenkte?
Zur Kaiserzeit, der Boheme-Poet?
Der mit Petrarca im Bunde steht?
    und sich tief in den Nonsens versenkte?

Wohl wahr! Und wer sind Sie, Missjö?
Es kommt mir vor, so peu à peu:
    ein Literat! von Kaliber...
O nein, im Welttheater bin ich bloß
Als Drachentöter mit Klampfe groß
    ansonsten: Kulissenschieber

Nach diesem Zeremoniell sind wir
Ins »Rübezahl« spaziert, ein Bier
    trank er und ich einen Roten
Ich fragte: Wie kommts? Ich treff Sie hier
Und weiß doch: Sie leben seit Neunzehn-vier
    im Schattenreiche der Toten!

Wohl wahr! Doch fopp ich den Sensenmann
Der wahre Poet überlebt, wenn ers kann
    durch weggeworfne Gedichte
Nur was man nicht zustande kriegt
Was nicht in Büchersärgen liegt
    grad das überlebt Geschichte!

Kein Nichts, Herr Hille, macht gesund
Sprach ich: Die Menschheit geht zugrund
    wir Affen, wir müssen sterben!
Mit L'art pour l'art und ambulant
Als Luftmensch, Träumer und Vagant
    würd ich sonst auch gern leben

Missjö! Nur der besiegt bestimmt
Den Tod, der sich nicht wichtig nimmt
    (is auch 'ne Frage des Schlauseins!)
So Weltverbesserer mag ich nicht
Und ein Programm, das hab ich nicht –
    die Welt, sie hat ja hat auch keins!

Kaum hatte Herr Hille dies Wort geschnarrt
Aus seinem verfilzten Waldschratbart
    verschwand er von der Bildfläche
Flog fort als Amsel im Abendschein
Ich zwitscherte den zerzuckerten Wein
    und zahlte vergnügt unsre Zeche

Der kleine Leierkastenmann
Er spielt auf dem Spritzenplatz
In Altona und singt dazu
Sein Liedchen für die Katz
Die Köter saufen Dosenbier
Die Punker, sie kläffen froh
Die Orgel geht durch Mark und Bein
Dann kommt das Tremolo:

> *Auf der Welt ist kein Bestand*
> *wir müssen alle sterben*
> *– das ist uns wohl bekannt*

Ich kannte Müllers Heiner einst
Der fault jetzt in Ostberlin
War auch ein Lebenskünstler, und
Er hatte 'ne Doktrin:
Ich bin nicht feige, aber auch
Nicht mutig! – das war sein Spruch
Daran ist er zerbrochen, denn
Er wagte nie den Bruch

> *Auf der Welt ist kein Bestand*
> *wir müssen alle sterben*
> *– das ist uns wohl bekannt*

Ich misch mich ein und halt mich raus
Ich schreie und ich schweig
War manchmal viel zu mutig, ach
Und dreimal viel zu feig
Ja, Feigheit rettet, das kann sein
Ein Leben in der Schlacht
Mein Freund – es ist allein dein Mut
Der das Leben lebendig macht

Auf der Welt ist kein Bestand
wir müssen alle sterben
– das ist uns wohl bekannt

Kein kleiner Leierkastenmann
So leer liegt der Spritzenplatz
Der Schnee zermatscht, kein Punker da
Kein Köter, keine Katz
Du, Meleken, ich weiß noch gut
Wie schön es im Sommer war
Da steckte dir das Leierlied
Wie'n Distelzweig im Haar:

> *Auf der Welt ist kein Bestand*
> *wir müssen alle sterben*
> *– das ist uns wohl bekannt*

LEGENDE VOM SELBSTMORD
DER INGE MÜLLER IM JAHRE '66

Unter Trümmern in Berlin, nicht unterm Regenbogen
Lag die Dichterfrau verschüttet, ward herausgezogen
Blieb halb tot im Frieden, hat sich ganz dann hingegeben
Einem Müller, Heiner – auch genannt: der Steineklopper
Tiefer, unter ihm, verschüttet lag sie nach dem Kriege
Spracheschutt und Wortbruch. Ausgeglühte Straßenschienen
Kupfersprüche. Bleigedanken. Elend eingestürzte Phrasen
Klinkersteine stapeln: Trümmerweib für Wortruinen

    Du, ich weiß noch alles
      Fleisch und Blut und
        Haare und Gebeine
    Ach, aus Steinen kann man
      Häuser machen – und
        aus Häusern Steine

Aus Kartoffelschaln und Kippen kann man Verse kochen
Die verbrannte Zunge lutscht das Mark aus morschen Knochen
Karabiner kann man tauschen gegen Schreibmaschine
Balalaika, Quetschkommode, bunte Russenlieder
Blutdurchsuppte Wehrmachtsmäntel. Amischokolade
Papyrossi. Und das Pärchen schwamm durch Wodkafluten
Und sie liebten sich in alphabetgefüllten Bombentrichtern
Selig nach dem heißen, in des kalten Krieges Gluten

    Du, ich weiß noch alles ...

Dichterfrau – was soll das heißen: etwa Weib des Mannes
Der da dichtet, oder Frau, die selber Worte schichtet
Stein für Stein hat sich das Menschenkind noch mal alleine
Ausgebuddelt: A-B-C-D-E-F-G-H-I-J
K-L-M-N-O-P-Q-R-S-T-U-V-W-X
Ypsilon und Zet riskiert sie endlich eine Lippe
Und sie flieht aus ihres genialen Mackers Mickerleben
Und sie springt dem guten Tod, Freund Hein, auf seine Schippe

Du, ich weiß noch alles ...

Auf 'ner schwarzen Wolke schwebt sie dreißig Jahre später
Gottes Jazztrompeter bläst Germanias Trauermärsche
Heiner Müllers Grube wird grad unten ausgehoben
Und die Dichterin erbricht die »Internationale«
Runter in das offne Grab in Ostberlin. Die Alte
Sieht die junge Witwe weinen an dem Sarg. Es lachen
Brecht und Eisler. Ach und William Shakespeare krümmt sich in
                                                          der Hölle:
Gloster Gysi will dem Volk den König Richard machen

        Du, ich weiß noch alles
           Fleisch und Blut und
              Haare und Gebeine
        Ach, aus Steinen kann man
           Häuser machen – und
              aus Häusern Steine

Auf dem Flohmarkt am Fehrbelliner Platz
Da traf ich einen Zausel, weißhaarig
Mit Liebknechtbrille und Ulbrichtbart
Seine Hände zitterten fahrig
Er sagte, weil ich ihn gar nicht erkannte:
Ich bin der Schorsch! Mensch, Wolf! du hier?
Ich hab dich besucht, als das Springerhaus brannte
Chausseestraße! Ja, wir waren bei dir

Das war 'ne verrückte und tolle Zeit!
Wir haben die Profs, die Sesselfurzer
Verarscht und aus der Uni gejagt
Das war ein Freiheitsfrühling, ein kurzer
So rot! so schwarz! so bunt! so wild!
Von alldem zehre ich heut noch
Und Herbert Marcuse, der nicht auf den Leim
Von Habermas und Sigmund Freud kroch

Ich weiß es wie heut: Dir brachte ich mit
Versteckt unterm Hemd 'ne Broschüre
Von Che Guevara. Wir klingelten zwei
Mal kurz mal lang an der Wohnungstüre
Mit Rudi Dutschke und Wolfgang Neuß
Da hast du uns bis kurz vor Mitternacht
In deiner Küche was vorgesungen
Dann hast du uns an die Grenze gebracht

Ich stotterte: Ja, da kam oft Besuch
So Freunde aus Westen und Osten
Und du? Du verkloppst alles für eine Mark
Wie kommst du auf deine Kosten?
Er grinste und sagte: Ich komm schon hin!
Die Schuhe, die Jacken und Hemden
Die krieg ich umsonst aus einem Depot
Für Dritte Welt. Alles so Spenden

In Ostberlin kauf ich die Bücher auf
So Ramsch aus den Ulbricht-Zeiten
Marx-Engels, auch Lenin fürn Appel und Ei
Zum Teil sind es Kostbarkeiten!
Er sagte: Du, Wolf, ich sorg mich um dich
Ich sorg mich auch um deinen braven
Freund Fuchs, ihr seid viel zu kraß, zu hart
Ihr müßt eure Feinde strafen

Durch Lob! durch listiges Verzeihn
Den harten Kern schlau entkernen!
Wer siegen will im Klassenkampf
Muß von Jesus Christus lernen!
Wolf, freunde dich an mit der PDS
Die Tücke besiegt man mit Tücken
Du mußt diese Leute an deiner Brust
Mit Nächstenliebe erdrücken!

Ich sagte: Ich kann doch kein Warzenschwein
Auf seinen geröteten Rüssel küssen
Ich will nicht mit meinen Feinden, nein!
Ich will nicht verfreundet sein müssen
Mach du deinen Handel für eine Mark
Und ich verkauf meine Lieder
Und nächsten Sonntag, wenn Sonne scheint
Dann, Schorschi, sehn wir uns wieder

Das wär mir ein Paradies, wenn
Sehr verschiedne Diktatoren
Über 'm Feuer schön an Spießen
Schrecklich in der Hölle schmoren!
Böttcher, du als Dok-Film-Filmer
Könntest schönste Schreckensbilder
Für uns liefern, wenn zuweilen
Dir die Teufel für die Hölle
Drehgenehmigung erteilen
Saddam Hussein, den will ich
Auf dem Grill als Satansbraten
Sehn, auch Stalin festgekettet
An Freund Hitler, Himmler, Goebbels
und Suharto aus Djakarta
Den Chinesenschlächter Mao
Pinochet, Pol Pot, Mobuto
Idi Amin und Gaddhafi
Franco und Freund Mussolini
Ho Chi Minh, Khomeini, Castro
Kim Il Sung aus Nordkorea
Todesländlich solln sie bluten
Mit des Teufels Pfahl im Fleische
Und Ceausescu will ich auch sehn
Wie ihn unter Spottgekreische
Die Dämonen auf den Bauch drehn
In die ewgen Höllengluten

Jürgen, als den wahren Meister
Aus dem einstmals hochberühmten
Toten Defa-Dok-Film-Studio
In der Otto-Nuschke-Straße
Nahe dem ZK-Gebäude
An der Spree, wo sie so schön ist
Weil auf der Museumsinsel
Ja der Himmel groß zu sehn ist

Als den Filmer liebt die Welt dich
Aber als der Tafelbildner
Der du bist, verehrter Meister
Als das Malgenie »Strawalde«
Brauchst du das O. K. zum Filmdrehn
Gar nicht! Du nimmst dir paar Piepen
Und gehst einfach in den Laden
Und kaufst ordinäre Pappen
Leinwand fertig mit Grundierung
Feine Farben, Eichhorn-Pinsel
Und dann malst du solche Sachen
Die die Konkurrenz-Kollegen
Penck und Baselitz nie machen
Mal uns den modernen Brueghel
Besser noch: den Bosch van Aken
Zeig uns all die Höllenqualen
Auf dem neuen Stand der Technik
Was ich dann noch haben müßte
Wär ein update von dem aller-
Neusten Garten auch der Lüste
Aber nicht so nachgepinselt
In altmeisterlicher Pose
Wie von Tübke hingeprimelt
In lasierten Umbratönen
Nicht so phantasiearm wie der
Surreale Dussel Dalí
Mit dem Schnurrbart in der Hose
Und schon gar nicht akademisch
Nachgeäffter Jackson Pollock
Karmesinrot Spermakleckse
Kadmiumrot aus der Tube
Hingespritzt macht noch kein Blutbad
Wer nur für den Markt die Bilder
Malt, tja, der verliert an Marktwert
Nie im Leben warst du so ein
Kritzekratzebürgerschrecklich
Galeriegezähmter Wilder
Der sich nur um seinen Quark schert

Nein, man soll dich gleich erkennen
An dem Stil, nicht an der Masche
Jürgen, tob dich aus im Bilde
Kobaltblau die Leichenberge
Eichmann soll im Schornstein sitzen
Terra Verde in den Haaren
Mal sein Herz mit Auschwitzasche
Walser wird es dir verzeihen
Schmerzt ihn auch Moralgebreste
Zeig uns Berija und Mielke
Wie sie Blut und Wasser schwitzen
Lichter Ocker mit Celeste
Hölle, die zum Bersten voll ist
Giftgelbgrünes Höllenfeuer
Zeig Idylle, wo sie Schrei ist
Schamrot Schreibtischmörderfratzen
Ulbricht sollst du konterfeien
Röntgenbild mit Gammastrahlen
Und Milošević, den Quatscher
Und gelernten Völkerklatscher
Wenn, schon, klau was bei Picasso
Denn man stiehlt nur bei den Besten
Fetz uns hin das Wort von Heine
Blase! donnre! schmettre! töte!
Denk nicht an die Farbenlehre
Vom Geheimrat Wolfgang Goethe
Laß dich lieber inspirieren
Von dem Wort: Den wahren Meister
Den erkennt man nicht am Glanzlicht
Auf des Königs Pferdeärschen
Grau in bunt mal uns das Grauen
Bildersprache des Jahrtausends
Bockwurscht mit Parademärschen
Schön, wenn paar Details genau sind
Halte dich an Brechts Maxime
Er liebt Farben, knalligbunte
Hauptsache nur: daß sie grau sind
Alltag pur, pastoser Auftrag

Menschenfresser, Männer, Frauen
Mal auch Drachen uns der Zukunft
Mit Computerblut im Innern
Tafelbild gemischt mit Sperrmüll
Aus den Untertan-Fabriken
Aufgerissen alle Grenzen
Megakiller, Weltverpester
Zeig, wie sie an ihren Schwänzen
In der Hölle rumkaun, wimmern
Skelette in Mercedes-Benzen
Ethnisch saubre Folterknechte
Zeig uns, wie sie elend darben
Und das Rot setz mir in Maßen
Sonst verbrennt der Schnee von gestern
Mal das Weiß mit schwarzen Farben
Und die großen Wortverdreher
Sollst du uns im Bild festhalten
Wie sie sich die Haare raufen
Und die eignen Köpfe spalten

Und wenn wir dein Werk dann feiern
Wie das Leben, wie die Liebe
Stulle Schmalz, Glas Rotwein, Käse
Sterne schlucken, Mondlicht schlürfen
An des lieben Gottes Eiern
Rumspieln, weil wir es ja dürfen
Ungehörig uns betragen
Tanzen, ein Gedicht aufsagen
Über alles Witze machen
Flirten, frotzeln, simpelfachen
Wie in alten Jugendtagen
Jürgen, ja, dann sing ich wieder
Brecht und Eisler, Michel Bellman
Nils Ferlin und Okudshava
Und Savopoulos, Wyssodski,
Béranger, Daniel Viglietti
Georges Brassens, José Afonso,
Aristide Bruant, Bob Dylan

Mordechaj Gebirtig, Schubert
Wenn du mich dabei nicht störn willst
Sing ich Gorkis »Auf und nieder
Geht die Sonne ...« Fuat Saka
Atahualpa, Big Bill Broonzy
Ehrenwort: Nur was Du hörn willst
Aber, Freundchen! auch das eine
Oder andre meiner Lieder!

III

AUSFLÜGE

Im Norden steht hoch der Sonnenball
Und leckt das Eis weg am Pol
Wir rudern auf Jagd nach dem Riesenwal
Und singen alle: Leb wohl!

    Der Wal kann uns nicht fressen, Mama
    - wir fressen aber den Wal, Mama
    Hey, Lukey, tute den tiefen Ton
    Noch mal, noch mal!
    Dann hört ihn der Wal
    Jetzt kommt er schon
    TUUT - TUUUUUUUT

Los! Hau ihm ins Herz die Harpune rein!
Das Blut macht die Wellen schön rot
Laß Leine! Hol bloß nicht den Tampen ein
Sonst kentert noch unser Boot

    Der Wal kann uns nicht fressen, Mama
    - wir fressen aber den Wal, Mama
    Hey, David, tute den tiefen Ton
    Noch mal, noch mal!
    Dann hört ihn der Wal
    Jetzt kommt er schon
    TUUT - TUUUUUUUT

Er kommt! Der Wal! Die Flosse! Der Wal
Zerdrischt unser Ruderhaus
Ich glaube wir kommen nie mehr an Land
Wir sinken mit Mann und Maus!

    Der Wal kann uns nicht fressen, Mama
    - jetzt frißt uns der hungrige Hai, Mama
    Los, Juley, tute den tiefen Ton
    Ein letztes Mal
    Hey! Warte, Wal
    Wir kommen schon:
    TUUT - TUUUUUUUT

Columbus segelte bis nahe
    ran an' großen Tellerrand
Mit seinen salzgegerbten weiber-
    losen Männern durch das Meer
Ach, und kein Schwanz an Bord hat noch
    geglaubt an eine Wiederkehr
Da brüllte einer, denn er sah
    gen Abend schweben durch das Licht
Des roten Sonnenballs ein schwarzes
    Flügelpaar, 'ne Möwe: Land in Sicht!
Seitdem sind Flügel überm Aug
    der Frau das Zeichen: Land! an Land!

Lisboa schimmert im Vorüber-
    gehn, ich fraß mit schnellem Blick
Die dunkeläugigen, ich sah in
    Portugal die schlanken Fraun
Mit ihren weitgeschwungenen, den
    schmalen schwarzen Augenbrau'n
So Schwärme schwarzer Möwenflügel
    wie sie durch die Altstadt fliehn
Ziehn sie durch mein Gemüt, seit ich
    zu Haus bei meiner Liebsten bin
Im kühlen Altona – nun träum ich
    von dem Land und sehne mich zurück

Coimbra, wo die weißen Raben
    krächzen unterm schwarzen Tuch
Den Fado unterm Monde: Herz-Schmerz
    Liebe-Haß, Geburt und Tod
Der Fado: Eifersucht und Treue
    Knoblauchtränen, Wein und Brot
Und nie verführt Coimbra dich so
    süß, nie bist du so bewegt
Als wenn in dieser Stadt am trägen

Fluß des Abschieds Stunde schlägt
Gitarrn sind Schiffe, Lieder fahrn da
mit und sterben still im Buch

Columbus segelte bis nahe
ran an' großen Tellerrand
Mit seinen salzgegerbten weiber-
losen Männern durch das Meer
Ach, und kein Schwanz an Bord hat noch
geglaubt an eine Wiederkehr
Da brüllte einer, denn er sah
gen Abend schweben durch das Licht
Des roten Sonnenballs ein schwarzes
Flügelpaar, 'ne Möwe: Land in Sicht!
Seitdem sind Flügel überm Aug
der Frau das Zeichen: Land! an Land!

In lässiger Blöße schwammen sie am Boul-Miche vorbei
Im Kuß. Sie sonnengedunkelt in griechische Haut gehüllt
Am Kai Notre Dame, umschlungene Wasserleichen, die Zwei
Er: bleich wie im Leben schon, mit Verwesungsgasen gefüllt

Schwamm wie 'ne Luftmatratze aus fauligem Menschenstoff
Auf der seine Schöne sich treiben ließ, süchtig bis zum Pont Neuf
Wobei sie trunken aus seinen Lippen die Brühe soff
Schwarz von der Peniche mit Diesel gequirltes Liebesgesöff

Ne Plastiktüte – blau weiß: *Le Printemps* – kam her von Ivry
Verfing sich am Pont Mirabeau im dunklen Olivenhaar
Vorbei an Renault-Fabriken. Da schmeckten sie die Chemie
Der Seine und sanken und liebten einander wunderbar

Verfingen sich in einer rostigen Kette am Uferrand
Und rissen sich dümpelnd los, als die Strömung stärker ward
Beschwert mit Schlammgeschlinge und weißem Sternensand
Erreichten sie in der Nacht Pontoise auf der Flitterfahrt

Sie ließen einander nicht los, auch als sie am Morgen der Fluß
In einer Biegung wie zärtlich auf eine Sandbank schmiß
Da sah sie im Himmel hoch oben den Preußischen Ikarus
Von Orly nach Heathrow, grad wie er 'ne weiße Wolke zerriß

Nach einer Woche wie'n altes Ehepaar trieben sie
Vorbei an Yvetot! Da drückt schon gegen den Strom die See
Ein Schleppkahn hatte mit ihm an Backbord 'ne Havarie
Es riß sie fast auseinander, und das tat nur ihr noch weh

Der Fluß floß bergauf und trieb die beiden getrennt zurück
Am Ufer stand ich, der Kleine König und Trunkenbold:
Le Roi d'Yvetot. Ich hab es gerettet, das junge Glück
Die Liebenden fischte ich mit meinem Netze aus purem Gold

Das ist der berühmte Postkartenblick
Am lieblichen Themsebogen, da will
Da muß ja der River nach Norden weg
Die Themse rennt gegen den Richmond Hill
Macht scharf die Biege gen London-Stadt
Warum, warum? – Na, darum, weil
der Turner es halt so hingemalt hat

Der Raddampfer paddelt romantisch im Fluß
Die Jets schweben ein im Minutentakt
Nach Heathrow. Der Hirsch im Royal Park muß
Sich ja nicht fürchten vorm Blech unterm Lack
Kein Auto, das weiß er, macht mich hier platt
Warum, warum? – Na, darum, weil
der Turner es halt so hingemalt hat

Am Nightingale Lane: Die Disteln tun weh
Blühn schottisch am Hang unterm Roebuck-Pub
Lauch wuchert aus Wales neben Ireland-Klee
Old England: ein Rosenblatt fällt grad ab
Das Weizengras macht mir 'ne Lagerstatt
Warum, warum? – Na, darum, weil
der Turner es halt so hingemalt hat

Ich seh: Deine griechischen Augen sahn
Des Aris Veluchotis Qual
Und wie sie uns gestern Punkt elf den Hahn
Abdrehten im Pub: das Guinness war schal
Scharf unter der Bluse dein Schulterblatt
Warum, warum? – Na, darum, weil
der Turner es halt so hingemalt hat

Natur macht vom Kunstwerk ein Plagiat
Der Richmond Hill is'n Ersatz-Parnaß
Für fliegende Händler mit Wortsalat

Aus Deutschland: Ranicki, Böll, Kunert und Grass
Mordshungrig auf Menschheit und buchstabensatt
Warum, warum? – Na, darum, weil
der Turner es halt so hingemalt hat

Die Cockney-Schönheit mit brandrotem Schopf
Servierte mir Breakfast mit Spiegelei
Mit Bacon, Tomato, Black Pudding im Topf
Mit Champignons, Sausage: 'ne Fettfresserei
für'n kontinentalen Nimmersatt
Warum, warum? – Na, darum, weil
der Turner es halt so hingemalt hat

Das Bild, hör ich, hängt in der Tate Gallery
Laß hängen das Original, die Natur
Gefällt mir besser: die schöne Kopie
Ich trinke das Licht überm Fluß lieber pur
In Richmond am Rande der Themsestadt
Und denk – for a' that and a' that: Wie gut
daß Turner es mal so hingemalt hat

Anmerkung: An den Themsebogen bei Richmond werden gelegentlich sophisticated visitors geführt. Man zeigt ihnen den Blick auf das Turner-Motiv von der Nightingale-Lane aus. Mir erging es nicht anders, voilà: ich sah es nur anders. Aris Veluchotis: Partisanenführer in Griechenland, ähnlich erfolgreich wie Tito in Jugoslawien. Da aber Griechenland nach dem Abkommen von Jalta zum Westen gehörte, ließ Stalin ihn fallen und gab den Rebell sogar zum Abschuß frei. In ausweiloser Situation im Bürgerkrieg umarmte A.V. sich mit seinem Freund und teilte sich mit ihm brüderlich eine Handgranate zwischen den Herzen. A.V. hatte schöne traurige Klappdeckelaugen. Vier Symbole für die vereinigten Königreiche. Scotland: die Distel, für Wales: das Lauch, für Nordirland: das Kleeblatt, für Old England: die Rose. »For a' that and a' that« ist das Lied von Robert Burns. In der Übersetzung von Freiligrath: »Trotz alledem!«

Als ob sie niemals Sonne Mond und Stern gesehen hätten
So standen sie stumm rum, wie aufgestellte Zigaretten
Die Wolkenkratzer in dem Bankenkaff Mainhattan
    schön abgesoffen hoch im Wolkenbrei
Wir sahn paar Möwen vollgefressen vom Atlantik träumen
Sahn Blätter schon verrostet an den schwarzen Uferbäumen
Herbstnasse müde alte Häuschen, die den Flußlauf säumen
    der Main floß träge hin, ein Band aus Blei

Der Abend gestern würgte mir noch immer in der Kehle
Mein Freund, es war mir gut, dein kleiner Kuß in meine Seele
Du hast die Ampel überfahrn, daß ich ihn nicht verfehle
    den schnellen weißen Zug nach Westberlin
Die Türen schlossen automatisch, und du mußtest bleiben
Du sahst mich nicht durch die verspiegelten modernen Scheiben
Ich aber sah dich stehn und mußte mir die Augen reiben
    weil ich so wildverzweifelt glücklich bin

In den Liederbüchern zur Zeit des Tausendjährigen Reichs, das weiß auch jeder Deutschlehrer, stand unter dem volkstümlichen Loreley-Text als Autor nicht mehr Heinrich Heine, sondern: *Dichter unbekannt.* Das scheint freilich eine erfundene Legende zu sein. Der Jude und Germanist Behrendsohn hatte diese Nachricht 1935 in die Welt gesetzt, als er im schwedischen Exil über Nazideutschland referierte. Und Adorno muß es ungeprüft übernommen haben, und so hat dieser Apodiktiker die Falschmeldung in unseren Schädeln als verbürgte Tatsache festgeklopft.

Dabei findet sich, das weiß ich von dem Forscher Bernd Kortländer im Düsseldorfer Heine-Institut, bis heute kein einziges gedrucktes Exemplar aus der Nazizeit, wo der populäre Loreleytext mit diesem skandalösen Zusatz »Dichter unbekannt« erschien. Nein, der Text war 12 Jahre lang einfach nicht da, einfach ausgemerzt.

Was aber mancher womöglich noch nie hörte: Es gibt einen deutsch-nationalen Literaturwissenschaftler, der vorzüglich an diesem aller-deutschesten Gedicht beweist, wie raffiniert der Jude Heine die deutsche Sprache verjudet.

Ich weiß nicht, was soll es bedeuten . . .

das sei keine korrekte Grammatik. In richtigem Deutsch hätte es doch heißen müssen:

Ich weiß nicht, was es bedeuten soll . . .

Klar, das leuchtet mir ein! Auf ». . . soll« reimt sich zum Beispiel wunderbar das echt deutsche Wort ». . . Jawoll!« Und der exquisite Reime-Equilibrist Heinrich Heine hätte bestimmt noch ein originelleres Reimwort gefunden oder sogar erfunden. Die Loreley-Zeile aber: *Ich weiß nicht . . .* mit dem nachgestellten: *was soll es bedeuten* – das sei der ostisch-jüdische Satzbau.

Man sehe dabei gradezu das typisch jüdische »Redn mit die Händ . . .«, das Gestikulieren mit den nach oben gedrehten Handflächen.

Wie sieht es aber mit Heinrich Heines Reimpaar: ». . . was soll es bedeuten – . . . uralte Zeiten« aus? Genau dies ist aus starkdeutscher Sicht ein schlagendes Indiz für die Verjudung der deutschen Sprache. Der unreine Reim »bedeuten . . .« auf: »Zeiten« entpuppt sich nämlich als ein reiner Reim, wenn man das Wort »bedeuten« nur schmutzig ge-

nug, das heißt: ostjüdisch ausspricht: »badajtn« – also in der »mame-
loschn« der Jidden:

Ich weis nischt, wos sol dos badeiten

Damit sei evident, daß es im tieferliegenden Reimlexikon des deut-
schesten aller deutschen Dichter nach Knoblauch roch. Der stinkende
Jude war also unter die Deutschen gekommen wie die Pest und hatte
sich – auch das sei typisch jüdisch – raffiniert eingeschlichen ins deutsche Gemüt. Fürst Bismarck liebte den Heine.

DIE RHEINFAHRT

Verzeih mir, verzeih, beloved Loreley
– was für ein dummes Mißgeschick –
Ich hab dich im Zuge verschlafen
Ab Bonn drückte ich mir die Nase platt
Ja, winken wollte ich, einen Blick
Erhaschen von dir, einen Augenkuß
Ich sah mich an Lastkähnen müdesatt
Sah in der scharfen Biegung im Fluß
Und gut in Farbe die Schlappen voll Sand
Die Schubprähme, lustige Fahrgastschiffe
Die Spietboote längsseits am steinigen Strand
Sah blitzblanke Tankstellen, Weinberge schön
Die mörderischen, die lieblichen Riffe
Am anderen Ufer da drüben ein Kahn

Ach mit dem Strom fahrn die Schiffe so schnell
Auf dem Rhein dahin, dahin
Und gegen den Strom geht es langsam zurück
Ich weiß nicht, wie traurig ich bin

Die Burgruinen auf stolzer Bastei
Der Berg schluckt die Spielzeugeisenbahn
Vom Fenster wollte ich Bacharach sehn
Den Rabbi, die schroffen Felsen – vorbei!
Vorbei... vorbei... vorbei... vorbei...
Durch breitere Ebenen gleitet der Zug
Hier wächst schon der Wein so elend flach
Nun rasen wir Richtung Mainz im Flug
Ach, nimmermehr seh ich dich, Schöne, ach
Dein goldenes Haar, dein goldener Kamm
Du, frag nicht, warum ich so traurig bin
Mir ist eben lebewohl-süchtig klamm
Doch deine *liebliche Melodei*
Die weiß ich und kann sie auch deuten:

Der Rhein fließt unter die Brücken hin
Das Wasser voll Öl und voll Ruß
Die Loreley stürzt in den Rhein
Damit sie nicht singen muß

– dahin – dahin – dahin – dahin
Der IC ist ja kein Viehwaggon
Und doch hör ich Schreie im Schienenschlag:
Ribojne schel ojlem! oj weh! helf uns schojn!
Und denk an den jiddelnden Reim dabei
Das reimt sich so rein auf ... *uralte Zeiten:*
– *badei* ... *badei* ... *badei* ... *badei* ...
Ich weis nischt, wos sol dos badeiten
So sang Heinrich Heine, der Jude vom Rhein
Und das freut die Siegmundfreud'schen:
Der vaterlandslose Gesell in Paris
War jüdischer als mancher Jud, überdies
Viel deu ... viel deu ... viel deu ... viel deu ...
Viel deutscher als all diese Deutschen

David und Goliath, Abel und Kain
zwei und zwei und zwei und zwei
Wer wird wen knechten, wer wird wen befrein
Und auf dem Golan wächst guter Wein
Wer wird ihn trinken? Wer ist Rebell
Wer ist hier Mörder in diesem Duell
Isaak redet mit Ismaél

    Grad immer zwei und zwei und zwei
    hier geht es Schlag auf Schlag. Dabei
    war heut hier im alten Israel
    ein ganz gewöhnlicher Tag

Handgranatäpfelchen spitz unterm Shirt
zwei und zwei und zwei und zwei
Schwirren die Mädelach durch den Kibbuz
blöde wie da mein Blick noch verharrt
Anders die Butterbirnbrüste der Frau
Wenn sie mit Knarre im Wägelchen früh
Kinderlach in die Krippe karrt

    Grad immer zwei und zwei und zwei
    hier geht es Schlag auf Schlag. Dabei
    war heut hier im jungen Israel
    ein ganz gewöhnlicher Tag

Ganz bin ich Jude und, nebbich, ganz Goj
zwei und zwei und zwei und zwei
Eß unter Palmen glatt koscher, bleib treu
Tannenbaum, Sauerkraut, Eisbein und Bier
Wer ist schon scharf auf das Jüngste Gericht
Ich war nie der, der zu Kreuze kriecht
Mein Gott ist nichts als ein Menschentier

    Die letzten Dinge sind es nicht
    nach denen ich hier frag. Dabei

war heut hier im kleinen Israel
ein ganz gewöhnlicher Tag

Heut nacht weht Hamburger Weizenhaar
zwei und zwei und zwei und zwei
Deutsch unter all dem Dunklen hier
der Schönheiten von Jeruschalajim
Liebe ist stark wie der Tod. Und dein Kuß
Bitterer Schierling, ist Mohnsaft und Wein
Myrrhe und Mondmilch und Honigseim

Darum ja zwei und grad wir zwei
damit ich nicht verzag. Dabei
kommt morgen in Erez Israel
ein ganz gewöhnlicher Tag

Das war in der Ben Yehuda Street
In Tel Aviv, im »Kanton Iwrith«
Da traf ich ein' Jecke im Café beim Tee
Ich setzte mich an seinen Tisch mit ran
Bestellte Falafel und T'china
Er merkte mir wohl den Deutschen an
Sprach drolliges Germanith, der Mann
Ein originaler Berliner!

Nu raten se mal, wie lange ick nich
In Deutschland waa? An de fünfzich Jahr!
Ich sagte: Sie sprechen berlinerisch
Als wärn sie grad gestern gekommen
Jekommen is jut! wirklich jut jesaacht
Jeflüchtet bin ick, un janz alleen
Meine Eltern hab ick nie wieder jesehn
Ick kann ihnen saagn, det war eene Flucht...
Seitdem sitz ick hier, hab allet jemacht
Als Maurer, Jeschiwa und Hühnerzucht
Und ob se det jloben oder nich
Ick hab denn aus Daffke in Israel
Keen Wort mehr in Deutsch jesprochen
Ick hatte mit meine Jugendzeit
Für immer un ewich jebrochen
Det Komische is: Nu bin ick alt
Jetzt kommt dis Berlin mir wieder
Ick sitz manchmal morgens in mein Bett
Und sing deutsche Kinderlieder.
Jewohnt habn wa damals in Moabit
Denk ja nich, ick hätte als junger Mann
Inner Turmstraße in mein Zimmerchen
Von Erez Israel jeträumt
Ick hab inner Schule ohne ein Freund
Ab Dreiunddreißig alleen auffer Bank
Als »Hep! Hep!-Jude« janz hinten jesessen

Un war'n normalet Berliner Kind
Mein Vadder hatte, det war nu mal so
De meisten von uns hatten janz vajessen
– na wat – det wir Juden sind
Und weil denn die Pimpfe nich mehr mit mir
Jespielt haben, hab ick statt dessn
Die Bibel jelesen, det is nich wahr
Ick habe die Bibel jefressn

Und als die Synagogen brannten
Die Scheiben klirrten in unsern Haus
Da sagte mein Vadder: Det wird schon wieder
Ich aber dachte: Wat soll noch werdn
Ick muß hier raus! Raus – nix als raus!
Und wußte jenau wohinne
Det »Hohelied« war mein Reiseprospekt
Paar tausend Kilometer bloß
Raus aus mein falschet Vaterland
Nach Osten, in't Land meiner Väter

So haute ick erst mal ab nach Marseille
Da war ick grad sechzehn Jahre
Ick hab ma jefürchtet wie Hänsel in Wald
Und hatt noch am Bart keene Haare
Und hing da am Hafen rum, inner Pension
Da wollten se mich für de Fremdenlegion
Anwerben, det war wie ein Schicksalswink
Ick dachte, det is doch keen Leben:
Soldat inne Wüste – det is nich mein Ding
Det muß noch wat Besseret jeben
Ick koofte mich ein für mein letztet Jeld
Nach Haifa, ejal, wattet kostet
Det Schiff war verlottert, total verrostet
Een griechischer Seelnvakäufer.
Der Kapitän sprach keen Wort mit uns
Und seine Matrosen warn Säufer

Auf Malta nahmen wa Frischwasser auf
Und noch een paar Hamburger Juden
Wir fuhrn ohne Lichter durch de Nacht
So hat er uns durch de Linien jebracht
Wir starrten mit ängstlichn Blickn
Zur Küste durch die Dunkelheet
Und hatten bloß Angst, det die Briten uns
Zurück nach Herrn Hitla schickn

Und als unser Schiff nach Jaffa kam
Da dachte ick wirklich, ick spinne:
Araber! Kamele! und Steine! und Sand!
Und Sonne! zum Gotterbarmen
Ick fühlte mir wie im Karl-May-Roman:
Berliner Falschgeld im Morgenland
Mit englische Schandarmen

Een halbet Jahr Hazorea-Kibbuz
Hebräisch lernen war Pflicht
Wir schliefen alle in eenen Zelt
Mit zwanzig deutsche Rabauken
Der Lehrer – een Menschnfreund war det nich
Een Anjeber und een Rotzlicht!
Als ob er beim Rabbi een Kreuz fand:
So sagt der uns mitten in't Jesicht:
Ihr! Kommt ihr aus Zionismus hier her
Oder kommt ihr bloß alle aus Deutschland!

Ick sach dem: Ick komm ausm Kiez Moabit
Und Moab, der steht inner Bibel
Det Land hier jehört mir jenau wie dir
Ick mache dir det ma plausibel:
Der Moab det war nämlich so een Sohn
Von Lot mit die eigne Tochter
Ick wa lange vor dir hier, ja ja!
Wir wohnten da drüben an Toten Meer
Bei Sodom und Gomorrha!
Ick haute den Oberzionist

Noch mehr vor seine Plauze
Ick hatte wohl mein Berlin verlorn
Doch nich die Berliner Schnauze
Da lachte der ooch. Von da ab ha'k
Nur noch in Iwrith jesabbelt
Hab mich mit so sture Chaverim
Nich länger rumjekabbelt

Vereiste Worte aus fünfzig Jahrn
Sie schmolzen dahin in der Sonne
Er quasselte wie ein Wasserfall
Mit einer kindlichen Wonne
Ich saß und hörte zu und aß
Noch Eis mit frischen Früchten
Und hörte in Ben Yehuda Street
Berlinische Urgeschichten.

IV

ICK LIEBE DIR

Ich steh auf die Eva, du glaubst es kaum
Es hat einen nicht nur erotischen Grund:
Weil ohne das Weib unterm Apfelbaum
Wärn wir ja, die Menschlein, total aufm Hund
Ich säße verurteilt im Paradies
Zu lebenslänglich, auf Ewigkeit!
Das wär mir die Hölle, wär himmlisch mies
Stinklangweilig: öde Geborgenheit

    Dem Weib aller Weiber sei Dank dafür
    Ach Eva, mein Evchen, ick liebe dir

Old Adam? Der Mensch läge heute noch
Faul vollgefressen unter dem Baum
Und fädelte blödsinnig Loch um Loch
Auf einen Faden im endlosen Traum
Schlaraffen- will sagen: Walt-Disney-Land
Statt Herzen schlügen uns in der Brust
Gebratene Tauben. Und Zuckersand
Im Schädel – wir kennten nicht Schmerz noch Lust

    Dem Weib aus der Rippe sei Dank dafür
    Ach Eva, mein Evchen, ick liebe dir

Ich such kein Utopia, wo wir dumpf
Dahinvegetiern in Glückseligkeit
Ich brauche kein Nirgendland, wo wir stumpf
Nirwana genießen in zeitloser Zeit
Das Reichstagsgebäude als Torte? – Nee, nee!
Die Siegessäule als Lutschbonbon?
Die Spree und die Havel voll Beaujolais?
Das wär nix für meiner Mutter ihrn Sohn

    Dem Weib mit den Äpfeln sei Dank dafür
    Ach Eva, mein Evchen, ick liebe dir

NACHSATZ

Bloß denk ich an Bombennächte im Krieg
An Gaskammer, Folter und Stacheldraht
Dann werde ich harmoniesüchtig, lieg
Wie'n Kind nackt im Schneematsch, will Obstsalat
Will Engelsgesänge und Sonnenschein
Will ewigen Frieden und Ringelreihn
Idylle mit Wonne und Weißbrot und Wein
Will nichts als ein Gutmensch mit Gutmenschen sein

    Im Weib mich verkriechen als Menschentier
    Ach Eva, mein Evchen, ick liebe dir

Alte Knaben, junge Knaben
Stieren, schielen, gaffen, glubschen
Gern auf das, was sie nicht haben
Turteln, grabschen, zutschen, knutschen
Das, was sich genußvoll windet
Unterm Blasen, Züngeln, Lippeln
Das, was nur an Fraun sich findet
Wo der Puls klopft in den Nippeln

Hohes Lied blüht auf in Blusen
Bebt das Fleisch in Wonderbras, ja
Und ich bete an, will schmusen
Und hab meinen Heidenspaß da.
Haut lockt auch in Panzer-Rüschen
Von der Marke »Reiß mich runter!«
Nah am Ufer unter Büschen
Treiben wir es bunt und bunter

An der Havel, die auf See macht
Ausflugs-Dampfer, Luxusjachten
Auf dem Fluß tobt eine Seeschlacht
Ohne Bomben, Schießen, Schlachten
Schwäne werden krankgefüttert
Auf der Pfaueninsel: Pfauen
Schrein, daß es mein Mark erschüttert
Duft flirrt um die schönen Frauen

Motorflitzer, Paddelbötchen
Rudrer rudern, Segler segeln
Und ich streichel deine Brötchen
Und ich spiel mit deinen Kegeln
Brauch kein Lexikon. Ich weiß, dort
Steht als Reimwort auf »verknusen«
Und auf »Musen« auch das Reizwort
Busen! Ja, das reimt sich: B u s e n!

Also Zizzis junger Dämchen
Unberührt von Männerpranken
Unten: Scham. Und oben: Schämchen
Die noch nie im Rausch versanken
Und an ausgewachsnen Weibern
Schlackern schamlos Ohren, Titten
Möpse auf zerliebten Leibern
Die schon geil am Leben litten

Unsrer Brut als Urquell dienen
Oft vom Säugling bös zerbissen
Schwer geschlauchte Milchmaschinen
Schmerzhaft blutig aufgerissen
Doch das heilt. Ich finde schlimmer
Silikongefüllte Säcke
Künstlich teure Tittentrimmer
Kunst, vor der ich mich erschrecke

Als ich aus dem warmen Bauch kroch
In die kalte Welt, da winkten
Drüsen mir, das weiß ich heut noch
Und mir war, als ob sie stinkten
Aber Oma »Meume« spuckte
Mama untern Büstenhalter
Wie die Hebamme da kuckte!
Als ich plötzlich soff, wie 'n Alter

Ich sah Barrikaden-Brüste
Hängebeutel, stramme Euter
Und im Garten winkt der Lüste
Wollustpolster. Würze-Kräuter
Abgegriffne Riechsalzsäcke
Die um zartes Beisseln bitten
Und ich knetschte auch schon kecke
Bauchgestützte Trauertitten

Als Poet vermeid ich maßvoll
Ordinäre Chauvi-Worte

Meine Muse mag kein Schweinsfraß
Gern nascht sie Metapherntorte
Drum suche ich beim Love-blues-bluesen
Kirschen, Pfläumchen, Äpfel, weiche
Butter-Birnen, Pfirsichbusen
Oder andre Obstvergleiche

Muttertierchen? Modepuppe?
Mensch! mich schern nicht solche Faxen
Wenn ich liebe, ist mir schnuppe
Was am Weib für Busen wachsen
Wenn beseelt mein Leib zur Frau drängt
Höre, Knabe, was ich sage:
Was am Busen für ein Weib hängt
Das! das ist die Gretchen-Frage!

Meine Göttin, dich genieß ich
Und vertrau ganz meiner Nase
An der Havel, und ich fühl dich
Lieg ich unter dir im Grase
Wenn im Schilf die Welle lachte
Und ein Boot vorübergleitet
Und die Stadt Berlin sich sachte
Aufs Jahrtausend vorbereitet

Ja, da spür ich deinen Herzschlag
Unterm Fell in meinen Fingern
Und wenn sich die Knospen steifen
Unter kecken Leckereien
Dann versteh ich die Signale
Und ich hör die süßen Töne
Und genieße dein Genießen
Meine Liebe, meine Schöne
Weil ich weiß wie tief im Tale
Jetzt schon alle Brünnlein fließen

Er kam mit dem Wind
Was kümmerts den Wind
    ob er darf, ob er soll oder muß
Er griff ihr im Vorübergehn
Ins Herz und blieb nicht einmal stehn
    beim ersten Kuß

Sie fragte ihn nicht
Im Dämmerlicht
    sie gab sich den Düften hin
Und ließ sich von seinen Händen kirrn
Und fühlte die Narbe auf seiner Stirn
    sein Stachelkinn

Sie flogen davon
Es galt die Räson
    nicht mehr: was man darf, soll und muß
Sie machten einen rüden Ritt
Und flohen in Richtung Süden mit
    dem Pegasus

Ein Flügelschlag
Tief unten lag
    die kleine Menschenwelt
Ein spätes Kranichpärchen hat
Sich in den Lüften fliegematt
    hinzugesellt

Sie ging mit dem Wind
Was kümmerts den Wind
    ob er darf, ob er soll oder muß
Sie griff ihm im Vorübergehn
Ins Herz und blieb nicht einmal stehn
    beim letzten Kuß

Himmelblauheilig dein Tüchlein
Zartes Gestreichel der Hand
Du sagtest: Nimmer
Laß ich dich. Immer
Bleibt, was uns beide verband

> Da kam ein Tag
> Der trieb uns brutal auseinand'
> Tuch himmelblaues
> Schicksal ein graues
> Weil ich verlor, was ich fand

Kam von Odessa nach Haifa
Bis nach New York übers Meer
Weiß kein Wohin noch
Seh keinen Sinn, doch
Weiß ganz genau mein Woher

> Heut ist ein Tag
> Da schrieb ich Dein' Namen in' Sand
> Mag nicht mehr suchen
> Muß mich verfluchen
> Hab meine Chance nicht erkannt

Nun ging der Regen, die Kälten
Wichen der Sonne, dem Licht
Schicksal unkenntlich
Frühling, jetzt endlich
Blüht uns dein Sternengesicht

> Bald kommt ein Tag
> Da fliegen wir uns um den Hals
> Tuch himmelblaues
> Weiß nix Genaues
> Aber mein Glück jedenfalls

Nimm mich

(Frei nach Chaim N. Bialik)

Nimm mich unter deinen Fittich, liebes Mädel
Mutter, Schwester, Schätzchen, halt mich fest
Schutzdach sei dein Flügel für mein' Schädel
Für Gebete ohne Gott
    für Gebete ohne Gott
      sei du mein Nest

Weihnachtsmarkt auf dem Marx-Engels-
Platz mit Bockwurscht, Marschmusike
Jahres-Endzeit-Fortschrittsklänge
Schaschlik, heiße Pfannekuchen
Grillfleisch, Pionier-Gesänge
Broiler fliegen durch den Himmel
Geigenwälder, Friedenstöne
Trude, komm mit ins Gewimmel
Ins Geblase und Getute
Staat der Arbeiter und Bauern
Wolkenwärts brüllt hundeblauer
Bratendunst aus jeder Bude

Toll der Blick vom Riesenrad! Da!
Westberlin! Da! Siegessäule!
Funkturm! Da! Mercedesstern. Was
Schert uns kaltes Kriegsgeheule
Schimpfen nun die Mauer alle
Schutzwall? oder Menschenfalle?
Was soll die Partei denn machen!
Wenn die Klassenfeinde lauern
Du mit deinem Kußmaul, Trude
Sag nich solche frechen Sachen
Wolkenwärts blafft hundeblauer
Bratendunst aus jeder Bude

Glück und Frieden sei beschieden
Deutschland unserm Vaterland
Wenn verbrannt det alte Fett is
Und die Herzen schlagen, det is
Die Berliner Luft im Osten
Mandeln, Krapfen frisch frittierte
Blutwurst kohlt auf schwarzen Rosten
Liebesäpfel, rotlackierte
Siegt der Sozialismus, Trude

Außen süß und innen sauer
Wolkenwärts bläht hundeblauer
Bratendunst aus jeder Bude

Weihnachtstannen, Lichterketten
Pro Person zwei Pfund Bananen
Klirrend steifgefrorne Fahnen
Hämmer-Zirkel-Ährenkränze
Importierte Zigaretten
Jedes Land schützt seine Grenze
Ulbricht kontert Adenauer
Klassenkampf in Deutschland, rauher
Wird der Ton der Friedenskämpfer
Und du bist mein Christkind, Trude
Heidenspaßig brennt ein blauer
Bratendunst aus jeder Bude

Besser schmeckt mir deine freche
Zunge, wenn dein Kußmaul lacht
Besser als ne Hühnerkeule
Deine rotgemalten Lippen
Mag ich mehr als Liebesäpfel
Wie du kicherst, hör ich lieber
Als das Friedenskampfgeheule
Hör ma! Kiek ma! Riech ma, Trude!
Preußisch rot blakt hundeblauer
Bratendunst aus jeder Bude
Deutsche Weihnacht. Deutsche Weihnacht
Deutsche Weihnacht – ich bin Jude

In meinem Arbeitsbuch vom Winter 1961 fand mein allernächster Westmensch, Pamela B., diese vier Zeilen unter dem Titel »Weihnachtsmarkt«: Deutsche Weihnacht deutsche Weihnacht / Bratendunst aus jeder Bude / Deutsche Weihnacht Deutsche Weihnacht / Deutsche Weihnacht – ich bin Jude«. Sie fragte nicht: Was soll das bedeuten: »... ich bin Jude«? denn sie weiß es ja, daß ich es nicht wissen kann. Sie fragte: Was bedeutete bei euch »Weihnachtsmarkt«, damals in der grade eben eingemauerten DDR?

V

LETZTE FAHRT

Am Alex an der Weltzeituhr
Da dachte sie, ihr Herz bleibt stehn – aha!
Sie sah ihr großes Brüderchen
Nach all den Jahrn spazierengehn – aha!
Ein bißchen fett ein bißchen alt
Wir werden halt alle älter
Sein Blick war starr wie früher, fast
Noch härter und noch kälter

 Olle Kamellen sind das nur
 Es sind die alten Lieder
 Am Alex an der Weltzeituhr
 – so trifft man sich wieder

Sie sprach ihn an: Erkennste mich?
Du falsches Aas!, los, sag warum – aha!
Hast du mich damals angezeigt
Er starrte vor sich hin, blieb stumm – aha!
Vier Jahre war ich eingelocht
In Hoheneck – wegn dir!
Du bist kein Bruder, bist kein Mensch
Du bist nicht mal ein Tier

 Olle Kamellen sind das nur...

Nee, zitter nich! Ich werde dich
Schon nicht als Denunziant verschrein – aha!
Nur darum, daß ich schlafen kann
Und: dir zur Strafe will ich dir verzeihn
Ich konnt es damals nicht im Knast
Ich kanns noch heut nicht fassen
Es frißt in mir. Hab dich gesucht
Hab dich auch suchen lassen

 Olle Kamellen sind das nur...

Er weinte nicht, er lachte nicht
Kein Ja, kein Nein, stand da wie'n Stein – aha!
Er ließ kein Sterbenswörtchen raus
Und ließ auch nichts mehr in sich rein – aha!
Im reinen ist er mit der Welt
Und lebt sein kleines Leben
Was er verbrochen hat an ihr
Wird er ihr nie vergeben

>Olle Kamellen sind das nur
>Es sind die alten Lieder
>Am Alex an der Weltzeituhr
>– so trifft man sich wieder

IM »HAUS ZUR EWIGEN LAMPE«

Für Mechthild Günther

In Niederschönhausen, ja ja ja ja
Wo die Hohen schön hausen, nein nein nein nein
– ein geflügeltes Spottwort in Ostberlin
Ja oder nein – ganz schön gemein!
Was waren wir doch für feige Banausen
Denn über den Knast in Hohenschönhausen
Wurd lieber geschwiegen und nicht gelacht
Und über das U-Boot von Erich Mielke:
Die nassen Folterzellen im Keller
Da haben wir gar keine Witzchen gemacht

> Manch einer ging elend über die Rampe
> In Hohenschönhausen, in Hohenschönhausen
> Im »Haus zur ewigen Lampe«

Und an wen denkt ein Häftling, ja ja ja ja
In der Zelle beim Wichsen, nein nein nein nein
Zusammengekrümmt auf dem Holzpritschenbett
Ja oder Nein – ganz schön gemein!
Denkt er an seine Frau oder an diese Schicksen
An die Schminke auf schweinefleischrosigem Fett
Das Weib da in Uniform pöbelt: Mach schnelle!
Und glotzt dir beim Scheißen zu, durch den Spion
Auf dem Kübel im toten Winkel der Zelle
Keift: Raus ausser Ecke! Komm runter vom Thron!

> Manch einer ging elend über die Rampe
> In Hohenschönhausen, in Hohenschönhausen
> Im »Haus zur ewigen Lampe«

Heute ist dieser Knast schon, ja ja ja ja
Ein Museum – tagtäglich, nein nein nein nein
Führen Lehrer da lustige Schüler vom Licht
Ja oder nein – ganz schön gemein!

In das Dunkel der Zellen und zeigen, wie kläglich
Gottvater aussieht, wo man Menschen zerbricht
Und manchmal im Spiele der jungen Geschlechter
Mit irrenden Blicken ein wackliger Mann
Man weiß nicht: ist es ein Häftling? ein Wächter?
Man sieht es den grauen Haaren nicht an

> Manch einer ging elend über die Rampe
> In Hohenschönhausen, in Hohenschönhausen
> Im »Haus zur ewigen Lampe«

Ich traf da ne Schönheit, ja ja ja ja
Mit Kummerfalten, nein nein nein nein
Die zeigte mir, wo sie gesessen hat
Ja oder nein – ganz schön gemein!
Sie zeigte im Keller den Käfig, den kalten
Ich fragte: Warum hat denn dich Vater Staat
Gekascht? Und sie lächelte, bis sie den Ton fand
Sie lachte: Nu, rat mal! Da kommste nicht drauf
Ick hab deine Lieder kopiert uff Tonband...
So ändert sich halt ein Lebenslauf

> Manch einer ging elend über die Rampe
> In Hohenschönhausen, in Hohenschönhausen
> Im »Haus zur ewigen Lampe«

Für Lieder! Für Lyrik, ja ja ja ja
Was Wahnsinnspreise, nein nein nein nein
Und ich krieg dafür noch ein' Lyrikerpreis
Ja oder nein – ganz schön gemein!
Ob ich durchgehalten hätt... solch eine Reise
Wie du in die Hölle, wer weiß, wer weiß
Da sagte sie leise ein Wort ins Gesicht mir:
Wolf, weeste, dein Lied hat mich reinjebracht!
...und war doch zugleich mein hellstet Licht hier
In diesen elf Monaten ewige Nacht

> *Du, laß dich nicht verhärten*
> *In dieser harten Zeit*

Die allzu hart sind, brechen
Die allzu spitz sind, stechen
Und brechen ab sogleich

Du, laß dich nicht verbittern
In dieser bittren Zeit
Die Herrschenden erzittern
Sitzt du erst hinter Gittern
Doch nicht vor deinem Leid

Du laß dich nicht verbrauchen
Gebrauche Deine Zeit
Du kannst nicht untertauchen
Du brauchst uns. Und wir brauchen
Grad deine Heitekeit . . .

Manch einer
    ging elend
        über die Rampe
            in Hohenschönhausen
                in Hohenschönhausen
                    im »Haus zur ewigen Lampe«

Am Himmelfahrtstag bei frischem Wind
Gewitterstimmung mit Sonnenschein
Da fuhr ich vergnügt mit Kegel und Kind
Zum Wannsee ins Grüne, ins Blaue hinein
Wir fanden ein' Parkplatz. Verdammich! O nein!
Bloß weg hier! Das ist ja der Schreckensort
Am Wannsee! Die Villa! Das muß sie sein
Hier wurd er besiegelt, der Judenmord

Das war Zweiundvierzig, im Januar
SS-Führer, Wirtschaft, die Herrn der Partei
Sie nannten es Endlösung, das ist klar
Nicht Mord. Und Hitler war gar nicht dabei
Du David, mein Opa war ja zu der Zeit
Schon längst im Ghetto in Minsk, schon bald
Erschossen, mit Rosi und Peter im Wald
Am Anfang war sowas noch Handarbeit

Sie trugen den Judenstern, auch jedes Kind
Damit man gleich sieht, daß es Juden warn
Und pro Person nur ein Koffer, so sind
Sie alle von Hamburg aus weggefahrn
Umsonst ist der Tod? Von wegen! Schön fies:
Wer da im Viehwaggon ostwärts fuhr
Der mußte die Reichsbahn bezahlen. Das hieß:
»Verbilligte Gruppenfahrt ohne Retour«

Mein Lukas bettelte: Papa, noch dies
Erzähl die Geschichte vom Papagei!
Mit Oma Luise, das find ich so süß
Die hatte ihrn Vogel im Käfig dabei
Der sagte doch »Butsche Biermann« im Ton
Von Oma und »Schlachterstraße« sogar
Ich murrte: Das stimmt nicht ganz, mein Sohn
Weils nix als ein Wellensittich war!

Kommt weg hier! Ich hatte die Schnauze voll
Ich wollte davon nichts mehr hören, nichts sehn
Kommt Kinder, kommt weiter! Da isses toll
Da vorne am Wasser! Da unten is schön
Da könn' wir was essen, was trinken, und dann
Wenns möglich ist, mieten wir uns ein Boot
Ahoi! 'ne Galeere mit Steuermann
Und schippern und spielen »Seefahrt ist not!«

Das Bootshaus bei »Seehase«. Hochbetrieb hier!
So'n Vatertag ist nicht mehr, was er mal war
Es wimmelt von Weibern ganz wunderbar
Die Holztische voll mit Schnäpsen und Bier
Ein Mietmusikant als Bigband, autark
Mit Synthesizer. Wir stellten uns an
Nach Würstchen und Cola. Für fünfzehn Mark
Pro Stunde gibts da einen Ruderkahn

Der Nordwind schob Wolken, blies dann und wann
Ein Spinaker-Segel bunt über den See
Wir kamen mit Rudern nicht gegenan
Und trieben mit unsern Kahn an den Kai
Des Parks, wo die Villa der Dinge harrt
In Deutschland, und würdig in weißer Pracht
Mit blinden Fenstern nach Osten starrt
'nem Güterzug nach, voll mit Menschenfracht

Ho-hoo! Wir hörten: Hi-hii! He-hee!
Die Böen schmissen, mal leiser, mal laut
Gesänge vom Gartenlokal übern See
Im Himmel hat sich was zusammengebraut
Ich nahm meine Söhne rechtslinks in den Arm
Ho-hoo! Wir lauschten. He-hee! Hi-hii!
Ich hielt sie fest, ich hielt sie warm
Die Zecher grölten ihr Potpourri:

In einem Polenstädtchen
    da fand ich einst ein Mädchen

das war soo schön...
Meine Oma fährt im Hühnerstall Motoorad
ohne Bremse ohne Hupe ohne Licht...
Und das nicht nur zur Sommerzeit
Nein auch im Winter, wenn es schneit

O Tannebaum? Daddy, das hat gar kein' Sinn
Wir haben schon Sommer, das paßt doch nicht
– Mein Junge, jetzt wackel nicht, setz dich hin
Sonst kippen wir aus dem Gleichgewicht!

An einer deutschen Eiche
  da liebte ich 'ne Leiche
    die war sooo schön, so wunderschön
Sie war das allerschönste Kinnt
  Das maaan in Polen finndt
    Aber nein, aber nein, sprach sie
      Ich küsse nicht!

Mensch Papa, he! hör mal! die brülln da so was
Von Polenleiche, ich halt das nicht aus
Es wird saukalt, und wir spritzen ganz naß
Ich will an Land jetzt, wir wollen nach Haus
Nun kommt auch Regen, du, Daddy, sag
Was die da singen, das hört sich an
Wie in so ein' Film ausser Nazizeit
Und jetzt mach mal ich den Steuermann!

Das sind keine Nazis, mein Kind, that's life!
Das sind halt die Lieder der Nachkriegsbrut
Mein Sohn, es ist nur ein Nebelstreif
Sie feiern ihrn Vatertag, meinen es gut
Sie trinken ihr Bier und mögen gern essen
Sie arbeiten schwer und singen mit Lust
Den Völkermord haben sie nicht vergessen
Denn sie haben ihn niemals gewußt

GÜTERBAHNHOF GRUNEWALD

Für Ruthi Goldberg

Was trauste dich nicht her, tu's! Überwinde deine Scheu
Bei dir in Israel ist auch nicht alles Gold was stinkt
Komm nach Berlin, komm, Ruthi, sechzig Jahre sind vorbei
Komm an den Ort der Kindheit, schau wie eins das andre schlingt
Der Westen wird verostet, und der Osten ist verwest
Glatzköpfe brüllen Heil! Und Stalins Erben sind vergnügt
Ein kalter Rauch von Freiheit, der uns um die Nasen weht
Und ich leb gern, wo man zumindest mit der Wahrheit lügt
        ja, mit der Wahrheit lügt

Es läßt sich leben, wo man Schweinehunde abwähln kann
Und wo kein Grenzer mehr auf Menschen wie Karnickel schießt
Tja Freiheit, hofften manche Trottel: heißt Schlaraffenland
Ich brauchs nicht, daß die Welt sich blöd vernarrenparadiest
Komm! ich zeig dir die Mauer, die kaum noch zu finden ist
Zum Essen gehn wir in die hübschen Hackschen Höfe rein
Wo deines Vaters Krämerladen war, thront ein Tschekist
Am Nachbartisch, auf Spesen lädt er Kölner Partner ein
        die Kölner Partner ein

Dann fahrn wir raus in' Grunewald, am Güterbahnhof kann
Ich dir ein Denkmal zeigen, wie ich nie eins besser sah
Kein Kein-Ort, sondern All-Ort für Familie Jedermann
Statt Völkermord sagt man hier Holocaust für die Shoá
Am S-Bahnhof beim Eingang zeig ich dir dann rechter Hand
Gekrümmte Judenkörper ohne Chance auf der Flucht
Sie quetschen sich in' Stein rein, suchen Schutz in nackter Wand
Von ihnen blieb ein Nichts, ein Loch, voll mit Berliner Luft
        voll mit Berliner Luft

Dann schlepp ich dich die dreißig Schritte rauf zum toten Gleis
Da hat ein Künstler herzzerreißend sich was ausgedacht
Aus deutschem Stahl 'ne lange Rampe, und wie zum Beweis

Genau Tag, Menge und Bestimmungsort für Menschenfracht
Die Daten sind gegossen in Metall, dort wo der Fuß
Auch deiner Eltern letztes Mal auf deutschen Boden trat
Ach, wenn die Viehwaggons losfuhren, gabs kein' Abschiedsgruß
Kein Goj kam da mit hin zu seines Freundes letzter Fahrt
                              des Freundes letzter Fahrt

Nun will Berlin der Welt ein neues Denkmal präsentiern
Ein größenwahnsinnsgroßes Monument, man streitet rum
Was Wunder, im Kibbuz bei euch wirds keinen interessiern
Der Führer aber hätte Freude dran: gigantisch dumm
Sieh selbst: wir Deutschen sind in Ost und West Denkmal genug
Als ob man je mit Kleingeist und viel Geld 'ne Schande sühnt
Komm, Ruthi, nach Berlin, ich zeig dirn Birkenbäumchen: jung
Wies auf dem Gleis im Schotter zwischen Eichenbohlen grünt
                              ja, Eichenbohlen grünt

WEISSE MILCH DES ABENDS

(Nach Uri Zvi Grünberg)

Todmüde neigt die späte Stunde sich
Zum Schlafe wie ein weltverloren Kind
Im Waisenkittelchen aus schwarzem Weiß
Ich hocke da und schreib, als wäre sie
'ne Tafel, ein paar Worte in die Luft
Im Zauberkreis

Und kommt zum Krug die schwarze Katz
Und schleckt den Rest der weißen Milch
Und kippt der Krug dann um und bricht
Dann klapp ich meine dünnen Augendeckel zu
Und schlaf mich aus für eine Ewigkeit
Im großen Licht

Die Sonne schubst das fette Weiß von Zweigen
Von Dächern schmilzt der Zuckerbäckerreiz
Paar Nachbarn schippen Schnee auf Bürgersteigen
Wie ich: aus Nächstenliebe nicht – aus Geiz!
Hauseigentümer schaufeln Schnee im Osten
Gutbürgerlich längst wie in West-Berlin
Besitz verpflichtet, läßt nicht ruhn noch rosten
Da ist die Einheit schon vollendet – immerhin!

Vorm Haus darf dem Passanten nix passieren
Ein kleiner Beinbruch – und schon biste dran
Ein Meter weiter links mag er krepieren
Was gehn uns fremder Leute Knochen an!
Im Fernsehn leisten wir uns täglich Leichen
Die auf des lieben Gottes Rechnung gehn
Die Glotze wird zur Droge: morgen reichen
Nicht zehn, schon hundert Tote mußt du sehn

Und plötzlich leuchtet Blut im Schnee, viel roter
Als das im Bildschirm, wie wirs grade sahn:
Drei Kurden in Berlin sind tot – und toter
Als Tausende im fernen Kurdistan
Drei Freiheitskämpfer in der Schinkelstraße
Jetzt wissen sie, wie kurz das Leben ist
Wenn man auf Judenjagd geht und en face
Auf einen Israeli trifft, der schießt

Wer schippt nun Schnee, gerötet mit dem Blute
Vergossen für den Führer Öcalan
In der Türkei im Knast. Mit Haßgetute
Klagen dort Mörder nun den Mörder an
Mich quält vom Schneegeschippe eine Blase
Als Weltschmerz spreizt sich nun mein Zipperlein
Das eigne Leid ist groß – so läuft der Hase –
Und fremdes Leid ist immer grausam klein

NACHSATZ

Und dabei weiß ich wohl wie du im stillen:
Durch alle, alle, alle! geht der Riß
Ich gebe es dir zu, um meinetwillen:
Auch das Gewisseste ist nie gewiß
Gerecht gerichtet oder hingemordet
Ein Engel weint um jedes Menschenkind
Er tut es, weil die Tränen einer Mutter
Nicht gut noch schlecht
   nicht links noch rechts
      mensch! weil sie salzig sind

In einer Kaserne am Ende der Welt
In Königswusterhausen, da reißt
Ein junger Kerl aus Weißensee
Sein' Wehrdienst ab beim Bund, das heißt
Der Wehrdienst reißt den Jungen ab
Er schrieb Mama nach Weißensee:
»Ich halte durch. Ich bin gesund
Der Dienst ist leicht. Mir gehts o. k.
Beim letzten Wiegen brachte ich
Noch weniger auf die Waage, doch
Das hole ich auf, bei dir zu Haus
Es sind ja nur sechzig Tage noch
Und mein Kalender ist mein Schach
Ich schnitz mir ins Brett die Kerben rein
Doch wenns mit mir hier so weitergeht
Mama, dann muß ich sterben. Nein...

Ich hatt einen Kameraden
Einen besseren findst du nit

...ich übertreib... nicht sterben, bloß
Wie sagt man das, ich bin bedrückt
Ich mach hier was, das bringt mich um
Das glaubt kein Schwein, es ist verrückt
Ich dreh noch durch zu guter Letzt
Auf Bude sind mit mir acht Mann
Die spielen was nach Zapfenstreich
Auch ich muß jede Nacht mit ran
Das Spiel heißt »Keksewichsen«, da nimmt
Man auf Kommando sein' Zauberstab
Dann stelln wir uns um ein' Keks drum rum
Und wichsen uns um die Wette ein' ab
Dabei muß jeder mit einer Hand
Die frei ist, noch Heil Hitler brülln
Ein Witzbold predigt: Kamraden, wir wolln
Im Namen des Herrn unser Soll erfülln!

Ich hatt einen Kameraden
Einen besseren findst du nit

Dann spritzt alles ab, genau auf den Keks
Und wer es dann als Letzter schafft
Der muß vor den andern den matschigen Keks
Verschlucken, so wird der Verlierer bestraft
Ich schrie: Ihr seid durchgeknallt, total!
Ich kann nich mehr! Ich mach das nicht!
Da droschen sie los und schmierten mir
Den Schmodder mit Nasenblut ins Gesicht
Und wenn ich verrecke, ich weiß, heut nacht
Wird es genau wie gestern sein
Sie stelln sich um den Keks drum rum
Doch ich mach nicht mit, ich sag ›Nein!‹
Und wenn ichs dreist dem Spieß erzähl
Sagt der: ›Ach was!‹ – Der will kein' Streß
Mit Offiziern. Dem isses egal
Ob ich hier Keks oder Scheiße freß.

Ich hatt einen Kameraden
Einen besseren findst du nit

Sein Brief kam mit der Post grad an
Da warn seine Eltern schon verwaist
Da war ihr Kind hinüber und
Auf Nimmerwiedersehn verreist
Er starb die nächste Nacht schön schnell
Ich glaub, er spürte kaum noch Schmerz
Kennst du den Spruch? – »Nichts ist so ganz
Wie ein zerbrochnes Menschenherz«
In einer Kaserne am Ende der Welt
In Königswusterhausen, da riß
Ein junger Kerl aus Weißensee
Sein' Wehrdienst ab – das bleibt gewiß:
Der Wehrdienst riß den Jungen ab
Er schrieb Mama nach Weißensee:
Ich halte durch. Ich bin gesund
Der Dienst ist leicht. Mir gehts o. k.

Ich hatt einen Kameraden
Einen besseren findst du nit

Und Siegesboten kommen herab: Die Schlacht
Ist unser! Lebe droben, o Vaterland,
Und zähle nicht die Toten! Dir ist,
Liebes! Nicht Einer zu viel gefallen

(Friedrich Hölderlin)

Kriegslied

's ist Krieg! 's ist Krieg! O Gottes Engel wehre,
Und rede du darein!
's ist leider Krieg – und ich begehre
Nicht schuld daran zu sein!

(Matthias Claudius)

Rede an meinen Sohn

I
Kind
  Du mein Herzkind, großer Kerl
    Ja, es ist Krieg, 's ist Krieg! Und ich
      dein eigner Vater, ich begehre
Krieg
  begehre Schuld daran zu sein, und bins!
    gewaltgläubig, wie ich, will sagen: ward
      wurd manches Menschenkind, und von
Geburt
  an bleibts mir ein für alle Male eingebrannt
    im Feuersturm in Hammerbrook
      da lag ich unterm Bombenteppich mit
Mama
  die Royal Air Force spielte Sodom und Gomorrha
    am Elbefluß. Die Rache-Engel suchten meine Mörder
      und trafen mich! mit Phosphorbomben. Tausend
Tode
  starben wir. So lernte ich die Schwäche für

das Starke. Feuer bin ich, ja! und Flamme für das
   Treffende, fürs Argument – ach! auch der Waffen

2
Sieg!
  Heil! trompetet auf der Siegessäule in Berlin
    die Gold-Else mit Stummelflügeln immerzu
      das alte Lied: Wir treiben nur nur nur… und nur den
Krieg
  nur um des wahren Friedens willn. Brutal im beat
    der love-parade sah ich die Siegesgöttin
      als DJ-Queen und vermummt im rave der Massen
Heil
  Dir im Techno-Sound. Echt blattvergoldete
    Kanonen-Rohre, sie umgürten wie die Orgelpfeifen
      den hohen Stein im Tiergarten, dort wo dem
Baum
  die Grundwasser ausbluten in die Gruben und
    gigantisch Bierpiss, Cola-Piesel, Regenwasser
      geschifft von oben her aus der Ekstase in dem
Tanz
  froh abgejaucht beim Chill Out, Dienst ist
    Schnaps, und Schnaps ist Dienst, so lallen
      die Marschierer, Herzschlag doppelt, wenn die
Waffen
  reden, müssen alle Musen schweigen, ja, so sagt man
    lieber Sohn, und ich, ich sag es auch, jedoch
      hab ich nur eine Waffe, und das ist das Wort

3
Sag mir
  Sohn, wie also kann ich schweigen zu all dem
    Gemetzel. Und nicht Gutmensch kämpft da gegen
      Schlechtmensch. Schwarz-Weiß will ich vor dir
Farbe
  ja bekennen, Kind. In der Berliner S-Bahn sah ich
    zehn Weißhäutige, die ohne viel Geschrei zwei
      Dunkelhäutige solid zusammenschlugen. Meine

Augen
   wandten sich aus Todesangst von dem da ab: meine
   Gitarrenfingernägel an der Rechten dürfen doch
      nicht brechen. Wäre ich wie du beim Bund bis an die
Zähne
   schwer bewaffnet – ja, ich hätt mit den Kanaken-Klatschern
   knallhart – Schuß ins Knie! – verhandelt! Notbremse!
      Bahnhof Gesundbrunnen – Oranienburger. Wer klatscht
Beifall
   nun für diese Völkerklatscher auf dem Balkan? Jelzin klatscht
   und Handke, Sadam Hussein, Sharon? Paar Siedler klatschen
      in der Westbank. Auf dem Alex filmt die Tagesschau IM
»Notar«
   den flotten Spitzel, wie er Friedensphrasen feuert
   wie er's Wort da redet einem faulen Frieden vor
      Kadaver-Kadern und riskiert die falsche Lippe

4
Söhnchen
   Sohn, laß meine Menschen mich in dieser Not
      beim Namen nennen. Kommt, ihr alle! Auferstehet!
         Steht mir bei wie dermaleinst im Weltkrieg-Schlachten
Ivan
   Rotarmist, halb Kind mit der Kalaschnikow – für mich
      vor Stalingrad verblutet in dem großen Schnee beim großen
         Kesselschmieden für die Wehrmacht in dem Kessel
Du! GI
   aus Minnesota, Land des Loon. Wie könnt ich dich vergessen
      hieltest du für mich im Drahtverhau deine Gedärme
         in den Händen fest am Strand der Normandie
Hirsch Glik
   Poet und Partisan in Polen, ließ den Nachschub-
      Panzerzug mit einer Ladung Dynamit entgleisen, ja
         für mich und meinesgleichen ging den allerletzten
Weg
   er gegen diese Würger. Freiheit! und dir Menschenrecht!
      Dir Jidischkeit, dir Poesie – ich zähle doch die Toten!
         denn Dir Vaterland ist jeder einzelne zuviel gefallen

5
Krieg,
  's ist Krieg. Und ich weit ab – ich werde jetzt
    den Teufel tun, und unserer Putzfrau gute
      Gründe schwatzen in die wunde Seele, will
Nicht
    richten über Schuld und Unschuld ihrer Leute
      die die Schlacht vom Amselfeld jetzt noch mal
        schlagen gegen Menschen auf der Flucht
Tod
    müde beugt die Frau sich über unsre Badewanne
      seufzt, sie scheuert still den Fettrand weg. Sie
        fürchtet um den Sohn in Belgrad, wenn die
Boden
    kämpfe losgehn, werden sie ihn ziehn. So
      weint sie sich die Augen aus. Voll Scham
        schielt hin ins Bad zu der Kanonenfutter-Mutter
Wolf
    Biermann mit den müden Vateraugen. Krieg
      ja, Krieg, mein Sohn, 's ist Krieg!, und ich,
        dein eigen Fleisch und Blut, begehre
Schuld
    zu sein, mein einziger! geliebter Sohn. Wenn du
      von dort zurück mir kommst im Plastiksack, dann
        weiß ich, wer den gerechten Krieg verloren hat

VI

PASQUILLE

Als er entlassen war und kam ein letztes Mal in das Büro
Und räumte seinen alten Schreibtisch leer und leerte auch
Den Panzerschrank, die Schnur hing schlaff im Siegelnapf
Als er Dzierzynski und die Pflanze von der Wand nahm

Unsterbliche Opfer, ihr sanket dahin

Ein junger Maurer und 'ne Krankenschwester warn dabei
Vom Bürgerkomitee geschickt und schwer verknallt die zwei
Sie kontrollierten jeden Handgriff, schleppten Aktenkram
Halb auch verlegen lächelten die Beiden. Wie benommen…

Unsterbliche Opfer, ihr sanket dahin

Wie benommen sah sie sein Petschaft,
    den Revolver,
        das Schlüsselbund
Wie benommen gab er sein Petschaft,
    sein' Revolver,
        sein Schlüsselbund

Und lächelte zurück und blies der jungen Frau gekonnt
In das Gesicht paar schöne blaue Ringe KARO-Rauch
Die Kippe zitterte ihm zwischen Daumen und Zeigefinger
Er sagte: Unsre Stunde wird bald wieder kommen
Und euer Stündlein, junges Glück, kommt auch

Unsterbliche Opfer, ihr sinket dahin

»Petschaft« – interner MfS-Jargon für einen
flachen Alu-Prägestempel, mit dem jeder nach
Dienstschluß seinen Stahlschrank versiegeln mußte.

Ich fahr nicht an meiner Wohnung vorbei
Hannoversche – Ecke Chausseestraße – nein!
Und glotz nicht zu meinen Fenstern hoch
Im zweiten Stock: ob das Stasischwein
Grad oben steht und sein' Rüssel raushält
Sein Ringelschwänzchen, egal, ob noch
Die Gasheizer dran sind am Fenstersims
Die ich eingebaut hab – und ob ich sie seh
Die Holzklappenziehharmonika, die
Brechts Tischler mir baute, noch am BE
Ob da 'ne Gardine zum Zimmer raus weht
Wo ich meine bunteste graue Zeit
Gelebt hab, ob unten der Text noch dran steht
'ne Tafel, die peinlich die Wahrheit ausschreit
Die meine treuen Feinde schon zwei
Mal abgerissen haben – ich schenk
Mir solche Torturen – nee nee! – ich renk
Mir doch nicht den Hals aus – oh no! no cry! –
Da oben hockt ja keine Loreley
Da stinkt nur ein Leichnam und grinst saudumm
Aus Gregor Gysis Panoptikum
Nee nee! Das lohnt nicht, wie es auch sei
Nie fahr ich an meiner Wohnung vorbei.

Wenn treue Feinde von drüben an mir
Forsch anonym durchs Telefon
Zersetzung trainieren in alter Manier
Im schlecht verstellten Bonzenton
Wenn Mielkes Normannen als Strafrentner nun
Das, was sie im Dienst taten, weiter tun:
Mir den verdienten Tod androhn
Dann drücke ich Taste Nummer ACHT
Und mach damit die Fangschaltung flott
Und denk: Alles eitel! und Haschen nach Wind!
So'n Terror schert mich nicht die Bohne
Ich spiel über Telekom lieber Gott
Die Deutsche Einheit – vollendet sich
Im Fangnetz der Telefone

Und würgt ihr mich mit der Telefonschnur
Die Allmacht habt ihr doch verlorn
Das bißchen Möchtegernmörderei
Es ist, gemessen am GULAG, nur
Ostalgische Händi-Wichserei
Auch du, alter Riesenzwerg, kommst nicht davon
Ich habe dich in meinem Lied ja schon
Zersungen und lachend zerdichtet
Ich hab euch, ihr totalitäres Pack
Mit haltbaren Versen auf ewig gerichtet
Ihr müßt, Heinrich Heine hats angedroht
In dantischen Höllen mit Stalin braten
Und wie todmüde ich immer war
Das werd ich euch niemals verraten

KEIN MENSCH

Kein Mensch liefert sich freiwillig ans Messer
  – auch nicht an das Messer der Gerechtigkeit
    Und schon gar nicht an die Messer des Rechts
      Wer steckt schon seine Hand in die Wurstmaschine

Richter und Staatsanwälte, die meinen Freund
  Robert Havemann schikanierten, als die DDR
    Noch ewig stand, stehn jetzt in Frankfurt/Oder
      Als Angeklagte vor den Schranken des Gerichts

Wenn ich angesoffen mit meinem Mercedes
  Ein Kind umgefahren hätte auf einer Kreuzung
    Würde ich auch versuchen, mich rauszuwinden
      Fahrerflucht. Wenn das nicht gelingt: leugnen

Wenn das nicht hilft: mogeln beim Alkoholtest
  Mit allen Wassern gewaschene Rechtsanwälte
    Das Blut abwaschen lassen. Entlastungszeugen
      Herbeischaffen. Einsicht zeigen. Zerknirschung

Und dann solche Worte, die nur vernünftig sind:
  Was geschehn ist, ist geschehn. Wem nützt es
    Wenn ich jetzt auch noch kaputtgehe, im Knast
      Was wird aus meiner Familie, ich hab doch auch

Kinder. Scham laß ich raushängen, doch Scham
  Macht keinen Toten wieder lebendig. Was hilfts
    Ich mach es ab mit mir, laß es mir 'ne Lehre sein!
      Wer ohne Schuld ist, der werfe den ersten Stein

Und wenn ihr mir so ganz ohne Nachsicht kommt
  Ich kann auch anders: Ich war es nicht! Hier liegt
    'ne Verwechslung vor! Ich habe nämlich an dem
      Nämlichen Tag das Auto ja gar nicht gefahren!

Wie prima ich Gysi verstehe, wie gut den Stolpe
    Wie gut auch Mielke und Krenz, Markus Wolf
        Sie gehn schon ein Leben lang auf der blutigen
            Seite. Aber auch bei ihnen gab es ein erstes Mal

Wer weiß. Wär ich
    in der Lage – würd ich mich
        winden wie sie. Ich bin aber
            nicht in ihrer Lage

Neun Jahre nach dem Zusammenbruch der DDR
Acht Jahre nach der Wiedervereinigung und
Fünf Jahre, nachdem eine Schule im
Ostberliner Stadtbezirk Weißensee
Auf Initiative von einigen Lehrern, Eltern, Schülern
In Robert-Havemann-Schule umbenannt wurde
Kämpfen dieselben Lehrer, inzwischen auch
Neue Eltern und deren Kinder nun darum
Den guten Namen meines Freundes Robert
Beibehalten zu dürfen

Ein SPD-Oberschulbürokrat aus dem Westen
Mit einschlägigen Ossis im Rücken, die
keine Neofaschisten sind, sondern
alte Kader, hatte nämlich erklärt:
Man könne schließlich eine Schule
Im demokratischen Rechtsstaat
Nicht nach Havemann benennen, der doch
Kommunist
War und blieb bis zu seinem Tode

So luden die Verteidiger der Havemann-Schule
Meinen Freund Jürgen Fuchs ein und mich
Zu einer Protestveranstaltung an Ort und Stelle
Damit wenigstens ein paar Journalisten
Den Skandal bemerken

Auf der Fahrt nach Berlin nahm ich mir
Aus dem handlichen Roten Gedichtebuch von Brecht
Ein passendes, ein gradezu romantisches Gedicht vor
Geschrieben in freien Rhythmen ohne Reime
Im karg dokumentarischen Stil
Den Brecht bevorzugte
In den Zeiten der Emigration. Es heißt:
Die unbesiegliche Inschrift

Und das wollte ich in Weißensee vorlesen
Wo der Name meines Freundes schon wieder mal
Ausgelöscht werden sollte

Der Direktor sprach gute Worte
Die Schüler der Theater-AG spielten
Selbstgeschriebene Szenen zum Thema
Freund Fuchs redete in seiner sanften Art
Für die Beibehaltung des Namens. Und ich
Sang brav ein paar selbstgeschriebene Lieder

Zurück in Hamburg überwältigte mich ein Wutanfall
Und als meine Frau mich fragte, wie es denn nun war
Da drüben im fernen Osten, in Weißensee
Da brüllte ich:
Solln sie doch ihre verschissene Schule gleich
Erich-Mielke-Gymnasium nennen,
Oder Adolf-Hitler-Gesamtschule!!

Gut, sagte sie
Daß du trotz alledem dort warst und den Freunden
Ein bißchen Wind unter die Flügel geben konntest
Und sehr gut, daß du diesen Blödsinn
Nur mir an den Kopf schreist, du lieber
Lieber Idiot

Im wunderschönen Monat Mai
Als alle Knospen sprangen ...
Da ist mein Freund den letzten Weg
Nach Nirgendwo gegangen
Dort wartet er nun ohne Hast
Auf mich. Mir kann er trauen:
Ich komme nach! Dann warten wir
Auf unsre lieben Frauen

Im wunderschönen Monat Mai
Der Raps stand voll in Blüte
Das große Gelb versprach mir, daß
Es meinen Freund behüte
In dieser ewigkalten Nacht
Braucht er 'ne kleine Sonne
Damit die Zeit ihm schnell vergeht
Bis ich dann endlich komme

Am Rand des Rheins am Schwarzwaldrand
Steht wie die Wacht am Abendland
   und ruht die Stadt Karlsruhe
Sich aus von einer Heldentat
Gerettet ward das Recht im Staat
   Hurra gibts nun und ein Gebuuhe
Nein, Urteilsschelte ist nie recht
Auch Richter loben gilt als schlecht
   ich sag ja nichts, ich singe
Ich singe einfach B G H
Bundesgerichtshof – Trallalaa
   und fühl mich guter Dinge

     Jajaja: B-G-H trallalaa
     B-G-H trallalaa trallalaa

Wir braven Deutschen dürfen nun
Was andre Völker tun auch tun
   das, was wir denken, sagen
IM »Notar« – Gregor Gysi
Ein Affe äfft mit Mimikry
   keine Verleumdungsklagen
Solln mich noch schrecken, wenn ich frech
Dem Egon Bahr sag: Red kein Blech!
   ein Schnitzel ist ein Schnitzel
Ein Tisch ein Tisch, ein Tuch ein Tuch
Und Stolpe reimt laut Richterspruch
   in Deutschland sich auf Spitzel

     Jajaja: B-G-H trallalaa
     B-G-H trallalaa trallalaa

Zu früh geweint, zu früh gelacht:
Er bleibt in Potsdam an der Macht
   trotz Orden und Verdienste
Als Pastor Brüsewitz ein Licht

Aufsteckte, stand da Mielkes Wicht
am Grab in Zeitz und grinste
Nur innerlich, denn der Skandal
War für die Freiheit ein Fanal
und für die Menschenrechte
Doch heut ein Hoch! auf das Gericht
Ein kleiner Sieg – noch lange nicht
das letzte der Gefechte

Ja ja ja: B-G-H trallalaa
B-G-H trallalaa trallalaa

Dies ist ein Text aus der netten Familie der Kasualcarmina, zu deutsch: Gelegenheitslieder. Sie entstehen nicht aus einer Gelegenheit wie beim genialen Gelegenheitsdichter Goethe, sondern eher – wie bei dem Stürmer und Dränger Johann Christian Günther – werden solche Verse verfaßt für eine Gelegenheit – also etwa bei Hochzeit, Begräbnis, Sieg, Niederlage, Verpflichtung als IM des MfS, Genesung, Ordensverleihung, Parteiverfahren, kurz: Karrieresprung nach oben oder unten.

Der Geheime Rath Goethe schrieb in »Dichtung und Wahrheit« über den wildwüsten Dichter Günther ein Portrait, das uns Nachgeborenen doppelt gefällt, denn es ist ja zugleich ein unfreiwilliges Selbstportrait des Dichters am Weimarer Hof:

»Betrachtet man genau, was der deutschen Poesie fehlte, so war es ein Gehalt, und zwar ein nationeller; an Talenten war niemals Mangel. Hier gedenken wir nur Günthers, der ein Poet im vollen Sinne des Wortes genannt werden darf. Ein entschiedenes Talent, begabt mit Sinnlichkeit, Einbildungskraft, Gedächtnis, Gabe des Fassens und Vergegenwärtigens, fruchtbar im höchsten Grade, rhythmisch bequem, geistreich, witzig und dabei vielfach unterrichtet; genug, er besaß alles, was dazugehört, im Leben ein zweites Leben durch Poesie hervorzubringen, und zwar in dem gemeinen wirklichen Leben. Wir bewundern seine große Leichtigkeit, in Gelegenheitsgedichten alle Zustände durchs Gefühl zu erhöhen und mit passenden Gesinnungen, Bildern, historischen und fabelhaften Überlieferungen zu schmücken. Das Rohe und Wilde daran gehört seiner Zeit, seiner Lebensweise und besonders seinem Charakter, oder, wenn man will, seiner Charakterlosigkeit. Er wußte sich nicht zu zähmen, und so zerrann ihm sein Leben wie sein Dichten.

Durch unfertiges Betragen hatte sich Günther das Glück verscherzt, an dem Hofe Augusts des Zweiten angestellt zu werden ...«

O wie wohltuend mich diese Worte treffen, denn ich habe es besser getroffen! Ich brauchte nie die Karriere eines Hofdichters bei Ulbricht oder Honecker. Ich habe auch in Altona genügend Butter bei die Fische und muß also nicht im Lande Brandenburg beim Fürsten Stolpe in Potsdam um eine Pfründe bitte. Zerrinnen wird mir gar nichts, denn ich wußte mich immer ganz gut zu zähmen. Die Gelegenheit für dieses Pasquill auf den Spitzel Stolpe kam mir ideal von außen und von innen zugleich.

Ähnlich wie der IM »Notar« hatte der IM »Sekretär« nach der Wende DDR-Bürgerrechtler und Medien mit Prozessen schikaniert, weil sie auch ihn einen Stasispitzel genannt hatten. Im Jahre 1998 stellte der höchste Gerichtshof der Bundesrepublik, der BGH in Karlsruhe, aufgrund der Zeugenaussagen und Beweise aus der Gauck-Behörde endgültig fest, daß dieser mielkeordengebeugte SPD-Politiker und Ministerpräsident von Brandenburg beim richtigen Namen genannt werden darf. Ich selbst halte Stolpe übrigens nicht für einen echten IM. Seit ich weiß, wie er sich beim Selbstmord des Pastors Brüsewitz 1976 verhielt, kommt er mir nicht vor wie ein Mann der Kirche im Apparat der Stasi, sondern wie ein Mann der Stasi im Apparat der Kirche. B und G und H in der Tonleiter sind übrigens drei MfS-Memphis-Blues-Töne, die sich wunderbar singen lassen, direkt vor einem reinen C-Dur-Akkord.

Autobahn-Raststätte Michendorf bei Berlin
wo in den Jahren des Kalten Kriegs eine
Drehscheibe der Spionage war, wo die
HVA XX ihre West-Agenten auf dem Weg
zwischen Westberlin und Westdeutschland
jederzeit treffen konnte ohne irgendein Risiko

Autobahn-Raststätte Michendorf bei Berlin
wo jeder Tankwart, jeder Dauergast, jeder
Kellner, jede Klofrau Stasi war, wo naive
Westberliner, wenn sie dort ihre Freunde
aus dem Osten, ihre DDR-Verwandten
trafen, todsicher vom MfS betreut wurden

Autobahn-Raststätte Michendorf bei Berlin
wo ich jedesmal abbog, wenn ich meinen
Freund Peter Huchel besuchte, den Dichter
Der Sternenreuse und der märkischen Sande
um mir meine Portion Kritik für die neuen
Lieder bei dem bitteren Schweiger abzuholen

Autobahn-Raststätte Michendorf bei Berlin
In einem Plastik-Klo auf dem Parkplatz
fand ich nun, neun Jahre nach der Wider-
Vereinigung, den Spruch mit schwarzem
Edding auf die graue Wand geschrieben
und kriegte beim Scheißen das Kotzen:

LENIN HATTE KEINE KRISE
SONDERN HELMUT KOHL
HAT 9,08 MIO. ARBEITSLOSE!

Jetzt hast du drei Zeugen vor Gericht
Die treudoof und cleverkeß
Den Meineid schworen, den du brauchst
Und du gewinnst den Prozeß

Der Richter schläft sich aus im Gesetz
Drückt scharf beide Augen zu
Und macht aus der Göttin Justitia
Eine wahrhaft Blinde Kuh

Was Wunder: mich ärgert das. Und doch
Frohlocke ich böse dabei
Denn was für 'nen Aufwand treibst du nun:
Erst jetzt lernst du echt Heuchelei!

Sie hatte noch was von Ehrlichkeit:
Die Arroganz eurer Macht
Da habt ihr Menschen für einen Witz
Auf Ulbricht nach Bautzen gebracht

Geheimprozesse und Menschenraub
Feudalsozialismus pur
Die Anwälte und die Richter warn
Kreuzbrave Parteitrottel nur

Nun müßt ihr heucheln, gutbürgerlich
Streng nach dem BeGeBe
Ihr büffelt die Normen der Rechtstaatlichkeit
Und mit Erfolg, wie ich seh

Mich tröstet, daß ihr euch maskieren müßt
Ihr schwitzt bei der Parodie
Auf Recht, Gesetz und Ehrbarkeit
Auf Freiheit und Demokratie

Die Tugend triumphiert raffiniert
Weil sie euch ins Heucheln hetzt
Jetzt endlich verbeugt ihr euch devot
Vor Regeln, die ihr verletzt

Und den Prozeß haste doch verlorn!
Mich deucht, dir dämmert auch wie:
Du lebst nun als Fliege Namenlos
Im Bernstein der Poesie

So wütend wie du auf die Bonzenbrut
Der Ex-DDR bin ich allemal
Mir schwant allerdings, daß meine Wut
Zu deiner nicht paßt. So radikal

Wie du jetzt wetterst, so warst du doch nie
Als die noch die Macht hatten. Angeeckt
Bist du damals kaum, deine Mimikry
Im alten Regime war poetisch perfekt

In Sklavensprache hast du kaschiert
All deine Frechheiten vor der Partei
Kein Aas hat damals bei dir kapiert
Was Ernst ist an deiner Wortspielerei

Dermaßen devot und raffiniert
Hast du unsern Drachen bekämpft und besiegt
Daß er es nicht merkte. Nie hat er kapiert
Daß ihm da ein Held zu Füßen liegt

Ich werf dir nicht vor, daß du furchtsam warst
Der Mensch hat ein Grundrecht auf Feigesein
Bloß daß du dich jetzo der Welt offenbarst
Als Racheengel mit Führerschein

Für Schwertransporte in Sachen Moral
Du warst doch verkumpelt sogar mit Krenz
Du mußt ihn nicht hüten den Dissi-Gral
Als reiner Ritter der Dissidenz!

Ich nenne nicht Reiter noch Roß – wozu
Vergängliche Namen sind Schall und Rauch
Mir reicht es, wenn ich weiß: du bist du
Und ich bin ich. Ich kenne ja auch

Ganz andre, die widerstanden der Macht
So heiter und ungebrochen im Leid
Sie sind in der Regel eher sanft und bedacht
Und wurden nie finster in finsterer Zeit

Sind todernst und trotz alledem lebensfroh
Trotz Kerker, Exil und gemeinstem Verrat
Verzeihen kann freilich, das ist nun mal so
Nur der, der es tapfer durchlitten hat

Heut singe ich euch ein Ibis-Lied
Im Stil Christi Zeitgenosse Ovid
Nicht Rom! Das Kaff heißt Wittenberg
Wo ein teutscher Riese gewütet hat
Gewiß kein deutscher Gartenzwerg
Ein Kerl mit Herz, mit Hoden und Hirn
Er bot Gottes Vize auf Erden die Stirn
Und säte des Aufruhrs fruchtbare Saat
Ein kleiner Mönch von Weltformat
Ein Judenfresser, Gott seis geklagt
Und dennoch ein Mensch, der unverzagt
Als Gottes Dolmetsch für uns erschuf
Die deutsche Sprache und machte klar
Warum Tetzels Papst des Teufels war
Er trotzte der Fordrung nach Widerruf
Er legte sich mutig mit Mächtigen an
Und wo diese Menschheitsdämmrung geschah
Am Fluß zwischen Dresden und Altona
Da predigt jetzt kein Riese, kein Zwerg
Da predigt ein Hirte zu Wittenberg

Der sagt nicht, wie Gott will: Ja ja – Nein nein
Preist Gnaden-Gesülz uns wie Manna an
Tartüff, auf katholischdeutsch: Drewermann
Will pfäffisch, was andere erlitten, verzeihn
Ein sanftmütig eiferndes Ungeheuer
Ruft auf zu 'nem Kreuzzug nach Ostberlin
Will seelsorgerisch Dokumente verbrennen
Die Akten der Stasi. Mon Dieu! was'n Spleen:
Will Scheiterhaufen als *Freudenfeuer*
Will, daß wir in Judas Herrn Jesus erkennen
Ein Geiferer unter den Toleranten
Ein Proteus unter den Protestanten
Und wird den Ungeist nicht los, den er rief
Ein Ablaßhändler zum Nulltarif

Ein gottbegnadeter Wahrheitsverdränger
Und fühlt sich tief mißverstanden vom Sänger
Macht allen Parteien den Gutmensch. Da steht er
Und schwört auf die Liebe, so wahr ihm Gott helfe
Verspottet die Opfer und tätschelt die Täter
Ein Hirte im Schafspelz
    und hütet
       ...die Wölfe

Ibis – der Titel eines Schmähgedichts, das Ovid 10 n. Chr. gegen
einen namentlich nicht genannten Feind verfaßte.

»Gott im Himmel weiß: Blutdurst ist meiner Seele fremd, und die Vorstellung, daß ich mich vor Gott verantworten muß, glaube ich in furchtbarem Grade zu haben; aber dennoch, dennoch wollte ich in Gottes Namen die Verantwortung auf mich nehmen, Feuer! zu kommandieren, wenn ich mich nur zuvor mit der ängstlichsten, gewissenhaftesten Sorgfalt davon überzeugt hätte, daß die Gewehrläufe auf keinen anderen Menschen, ja auf kein anderes lebendes Wesen gerichtet wären als auf – Journalisten.«

(Sören Kierkegaard 1848, Tagebuch)

Ob sie loben oder tadeln
Runterreißen oder adeln
Journalistinnen und -isten
Ob sie einen Stall ausmisten
Glocken läuten, Hochzeit hupen
Ob sie flotte Features pupen
Promis lecken oder beißen
Auf dich schwören oder scheißen
Ob sie pöbeln oder plappern
Keifen, spucken oder sabbern
Ob sie Superstars verdunkeln
Tief moralgesäuert munkeln
Supersaubermännisch sauen
Männer outen oder Frauen
Was verschleiern, was enthüllen
Ob sie zischeln oder brüllen
Ausgewogen rumproporzen
Weihrauch schwenken oder forzen
Mitleid heucheln und verachten
Und das Leid der Leut ausschlachten
Sich mit fremden Federn lümmeln
Ob sie Interviews verstümmeln
Ob sie an zu giften fangen
Triumphieren oder bangen
Ganz egal, ob nun der Mob sie
Runtermampft wie Fastfood, ob sie
Haare spalten oder Köpfe
Schlauis oder Simpeltröpfe

Komplimente rülpsen, fluchen
Nußpips oder Hundekuchen
Die devoten Strohdummdreisten
Sind (die aller-allermeisten)
Greise schon im Mutterleibe
Ein Geschmiere ihre Schreibe
Nichtse! namenlose Wichte
Ohne Stil, ohne Geschichte
Minderwertigkeitsgepanikt
Grausam größenwahngewahnigt
Hamster auf Karriereleiter
Sondern Sätze ab wie Eiter
Eintagsfliegen, Spaltenwanzen
Sehn die Menschheit nie im Ganzen
Noch genau genug im einzeln
Zwerge, die im Zwielicht heinzeln
Anonyme Machtmißbräuchler
Libertin getünchte Heuchler
Düstres Konkurrenzgelichter
Schwer geschrumpfte Minidichter
Ohne Tugend, ohne Laster
Abgemaffte Kritikaster
Weltgenies, chronisch verkannte
Bourgeois fauchés: verbrannte
Bretter vor der niedern Stirne
Besserwisser ohne Hirne
Halbgelernte Intellelle
Schieben Nummern auf die Schnelle
Herzlos, geistlos, ohne Eier
Keine Adler, sondern Geier
Krähn und keine Nachtigallen
Alleswisser, die nichts schnallen
Die Kretins von der Journaille
Spieln Elite, sind Canaille
Feig erschlagen sie die toten
Hunde, schwarzen, braunen, roten
Unterm Schädeldach blüht Schimmel
In der Brust schlägt schlapp ein Pimmel

Knebelbartbewachsne Weiber
Hippen ohne Unterleiber
Schieln voll Mißgunst auf die Bessern
Unter ihnen. Sie verwässern
Jeden Wein und jede Wahrheit
Clear as mud ist ihre Klarheit
Stumpf ist ihres Witzes Schärfe
Brocken, die ich auf sie werfe
Treffen immer mich. Gesteinigt
Bin ich, dazu zwangsvereinigt
Mit Verleumdungsspezialisten
Mit Realen Sozialisten:
Neues-Deutschland-Veteranen
Alte Junge-Welt-Kumpanen
Die jetzt Pressefreiheit! brüllen
Und die Jaucheeimer füllen
Sie beklackern Bärbel Bohley
Covergeil mit Helmut Kohley
Häme, Haß, der überbordet
Jürgen Fuchs wird rufgemordet
Kämpfer an der unsichtbaren
Front: verwaiste Spitzelscharen
Wissen nicht, ob schlafen, wachen
Aufhörn oder weitermachen
Wenn sie Menschen stumpf verspotten
Schweinepriester dumpf vergotten
Journalisten und -listinnen
Fettgepolstert sind sie innen
Mit gebaggermatschten Torten
Und mit leergeschwatzten Worten
Menschensteak auf Tellerminen
Blut aus Rotationsmaschinen
Holzpapier mit Druckerschwärze
Pressepiesel, nein, ich scherze
Nicht mit euch und euresgleichen
Parfümierte Luxusleichen
Selbsternannte Sittenwächter
An die Wand mit euch! Gelumpe

Wißt ihr, was ich in euch pumpe?
Eine Salve aus Gelächter

NACHSATZ
Ich bereue! Ich bedauer!
Weltschmerz aus Pasquillkanonen
Spottgedichte, Gassenhauer
Mörderische Zornkanzonen
Töten leider nur den Spötter
Ach, es blutet meine Wunde
Und die dümmsten Schweinehunde
Sind unsterblich – wie die Götter

VII

OB PRENZLAUER BERG – OB ALTONA

Und kam ich mit dem Westwind
Von Hamburg zurück nach Berlin
Und geh mit dem Ostwind wieder

Auch gegen den Ostwind, mein Freund
Wäre ich ja gekommen, gegangen
Auch gegen den Wind aus dem Westen

Bye-bye, Berlin, dir blüh ich wieder
Das soll 'ne sanfte Drohung sein
Raus riß ich mir paar neue Lieder
Am Mont Klamott fand ich ein' Stein
Wer weiß: zum Werfen oder Bauen
Das zeigt uns schon sehr bald die Zeit
Geschichten habe ich erlebt – dran kauen
Werd ich 'ne kleine Ewigkeit

Take care, Berlin, du hast kaltherzlich
Mehr freche Schnauze noch als Grips
Der Krieg, die Spaltung warn halt schmerzlich
Die Mauer war kein Zuckerpips
Machs gut, Berlin, das heißt: Machs besser
Du, warn' dein Wappentier, den Bär
Wenn er nicht klüger wird statt kesser
Kriegt er statt Honig noch mal Teer

Glück wünsch ich dir, du wirst es brauchen
Nicht Feuersbrünste, wie geschehn
Und was für Schornsteine hier rauchen
Die Welt wird es mit Argwohn sehn
Als sechzigtausend Bürger: Juden
Durch Straßen tappten in den Tod
Da saß das Pack stumm in den Buden
Und starrte feig auf fremde Not

Nun strömt viel Volks aus manchen Ländern
Potzdamer Platz! Bau-Boom bricht los
Berlin, du wirst dir sehr verändern
Wirst babylonisch riesengroß
Bankrottgestählte Überflieger
Krallen Geld mit Geld, spieln Mann ist Mann
Rohrleger, Maurer, Eisenbieger
Betonarbeiter klotzen ran

Die Neuen Russen bißchen später
Mit Dollars statt Kalaschnikow
Gewinnen nun den Sieg der Väter
Bonne Chance! Good Luck! und Masseltow
Hanoi wird Vorstadt. Künstler gründen
Klein Moskau, Jazz im Türkenkiez
New York, Paris und London münden
Wie Menschenströme hier, man siehts

Zigeuner aus Rumänien zotteln
Durch Kreuzberg ihre Kinderschar
Marzahner trauern und vertrotteln
Weil Trabi-Deutschland deutscher war
Jetzt wimmelt es von so Gestalten
Gefährlich bunt mit dunklem Skin
Mich aber freun Mongolenfalten
Weil ich ein weißer Nigger bin

Das Unwort »Ausländer« gereut schon
Mein' Mund, wird falsch wie deutsches Geld
Das Brandenburger Tor ist heut schon
Symbol für offne Euro-Welt
Wer weiß, der Wolf mit seiner Schönen
Kommt doch zurück aus Altona
Mein Weib könnt sich an dir jewöhnen
Verführen, Bärchen, kannste ja

PARADIESCHEN

Ever try. Ever fail. No matter
Try again. Fail again. Fail better
(Samuel Beckett)

Süßes Leben, saures Leben
Paradieschen wirds nie geben
   Höllen gibts schon eh'r
Manchmal bin ich menschenmüde
Kalt ist diese Welt und rüde
   und ich mag nicht mehr
Wenn ich Gift und Galle saufe
Wenn ich mit der Meute raufe
   wenn mich Zweifel plagt
Wenn die Frohnaturen schunkeln
Sing ich mir wie'n Kind im Dunkeln
   was der Weise sagt:

     Ewig machen, ewig scheitern
     Macht nix, Alter! mach so weiter
       werde älter, klüger, kesser
     Vorwärts! hoppe-hoppe-Reiter
     Mach, mach, mach, mach, mach und scheiter
       aber scheiter immer besser!

Schweinepriester reden Bände
Prophezeihn das Weltenende
   leben davon flott
Tja um uns wärs jammerschade
Ohne Menschen wär es fade
   denn es gibt kein' Gott
Der die Welt noch mal erschaffet
Und dann aus den Himmeln gaffet
   hilflos und stupid
Also hau ich rein und mache
Weiter, weine, fluche, lache
   unser Lebenslied:

Ewig machen, ewig scheitern
Macht nix, Alte! mach so weiter
　　werde älter, klüger, kesser
Vorwärts! hoppe-hoppe-Reiter
Mach, mach, mach, mach, mach und scheiter
　　aber scheiter immer besser!

Ich lag wohl die ganze halbe Nacht
In Westberlin nur wach wach wach
    und träumte von uns beiden
Wir zwei: wie ein Mensch gebebt, gehofft
Das Allzu-nah-Sein trieb mich oft
    in wüste Einsamkeiten

Ich lag wohl die ganze halbe Nacht
In Westberlin nur wach wach wach
    mir muß es nichts bedeuten
Ob Lerche oder Nachtigall
Ob Hähne krähn im Hühnerstall
    ob Morgenglocken läuten

Ich lag wohl die ganze halbe Nacht
In Westberlin nur wach wach wach
    und dachte: Ja, so isses:
Frei in dem Käfig will ich sein
Kein Vögelchen mag nie nicht kein
    Verrecke – oder friß es!

Ich lag wohl die ganze halbe Nacht
In Westberlin nur wach wach wach
    da pfiff im Morgengrauen
'ne Spatzenschar auf dem Balkon
Ihr metropoles Spott-Chanson
    von Menschen, Tiern und Frauen

Ich lag wohl die ganze halbe Nacht
Ach, Meleken, nur wach wach wach
    und schlaf nicht gern alleine
Ob Prenzlauer Berg, ob Altona
Das Nest für mich bleibt da oder da
    wo Du bist, liebste Meine

Adieu, Berlin, und rechte nimmer
Weil wir - mein liebes Weib für immer
          und ich - zurück nach Hamburg gehn
Als Fischkopf bin ich dort geboren
Hab Kiemen hinter meinen Ohren
          und Nieselregen find ich schön
Was Neues hab ich rausgefunden:
Nie kratz ich mehr die alten Wunden
          reiß mir nicht ab den frischen Schorf
Es lebt sich, wo man Seelengeld hat
Mein Hamburg ist 'ne kleine Weltstadt
          Berlin, du bist mein
                    Kikerikiii - kikerikiii -
                    Berlin, du bist mein Riesendorf

Im Osten war ich Drachentöter
Im Westen Wolf - doch niemals Köter
          hing nie an keiner Kette fest
Hab ein paar Lumpen schön verprügelt
Den Hochmut hoher Herrn gezügelt
          beschmutzte auch mein eignes Nest
Ich brach mit blutigen Genossen
Die Gift mir in die Seele gossen
          schrie all das aus und sang und schwieg
Im allerbesten Sinn Verräter
Nicht Opfer, lieber bin ich Täter
          im ewig jungen
                    Kikerikiii - kikerikiii -
                    im ewig jungen Freiheitskrieg

Ich konnt mit Liedern und Pasquillen
Krenz, Honecker und Mielke killen
          manch Mörder hab ich umgebracht
Hätt nie gedacht, daß ich so scheiter
Die Leichen lebten munter weiter

ich glaub, ich hab was falsch gemacht
Genosse Schwein heißt jetzt Herr Schweiner
Genossin Schmutz heißt jetzt Frau Reiner
der Spitzel tönt im Bundestag
Der Kaderleiter ist nun smarter
Geschäftsmann-Ost, ein west-knallharter
es herrscht der gleiche
Kikerikiii – kikerikiii –
es herrscht der gleiche Menschenschlag

Ick weeß, jetzt spielt die Weltmusike
In Spree-Athen, doch ich – ick kieke
die Oper vom Olymp aus an
Es macht den Berg erst mein Gesang groß
Ob Götterort, ob dritter Rang bloß
es macht der Ort ja nicht den Mann
Als Mietkünstler geh ich verwerten
Mein Lied, verdiene in Konzerten
mehr, als ich grad so brauch an Geld
Ein Misthaufen, wo er auch stehet
Wenn nur der richtige Hahn drauf krähet
ist ja das Zentrum
Kikerikiii – kikerikiii –
ist ja das Zentrum dieser Welt

Das abgeblaute Abendlicht fault in den Regenpfützen
Die Speicherstadt steht bis zum Halse in der Dunkelheit
Fischköpfe dümpeln unter nachgemachten Schiffermützen
Der Michel träumt von einer Jugend in der Hansezeit

Ein Nordseewind leckt von der Müllverbrennung gelben Rauch
Ein Mecklenburger torkelt aus der Bar zum Weißen Hai
Container-Kräne füttern Eisenkisten in den Bauch
Aus Übersee. Der Terminal am Athabaska-Kai

Bei Hamburg pulst der kranke Fluß durch eine Schlick-Aorta
Da fließt Maschinenblut verdickt mit Öl und Schwermetall
Es fiepen schlaue Ratten, die man vordem nie an Bord sah
Die Köhlbrandbrücke reißt sich los mit einem stummen Knall

Am Jungfernstieg blüht duftgewässert in der Winternacht
Ein babylongeschminktes Wrack, ein Hypothekenweib
In Altona hat sich der müde Kindermörder umgebracht
Am Gänsemarkt erlischt im Puff ein frischer Unterleib

Und aus dem hohen Spiegel-Glashaus schmeißt wer einen Stein
Ein blindes Aug zertrümmert lächelnd dickes Panzerglas
Der Nikolai-Turm zeigt pathetisch in die Wolken rein
Auf der Moorweide irren gelbe Judensterne durch das Gras

In Hammerbrook erzähln die Trümmer unter dem Asphalt
Vom Bombenteppich, Wasser brannte in dem Feuersturm
Der Tod kam über uns mit menschgemachter Urgewalt
Aus diesem Weltenende kroch ich raus, ein Menschenwurm

In jener Nacht fiel Schwefel aus den Himmeln in das Fleet
Drei Männer brannten vor mir wie Heil-Hitler-Fackeln ab
Das Dach von der Fabrik flog durch die Luft wie ein Komet
Die Toten alle kleingebrannt fürs enge Massengrab

So kam es, daß die helle Nacht auch noch den Tag verschlang
Am Mittag konnte ich im Qualm gar keine Sonne sehn
Ich hatte Glück und ward ein braves Kind mein Leben lang
Genau auf Sechseinhalb blieb meine Lebensuhr da stehn

Seit jenem Tag hat mir der Glücksgott meinen Stern bewahrt
Doch blieb ich immer, in der Liebe wie im Haß, verflucht.
Durch allen Wandel bin und bleib ich auch mit weißem Bart
Gebranntes Kind, das neugierselig nach dem Feuer sucht

So ewig Gestrige kenne ich schon
Wie auch ewig morgige Leute
Gemütlich leben sie beide davon
Im blutigen Hier und Heute
Mir mangelt es an Gemütlichsein
Seit je in meinem Gemüte
Das Salz gehört in die Wunde rein
Und nicht in die Zuckertüte

    Ich Luder singe das Sängliche
    Verderbliche Gassenhauer
    Weil nur nur nur das Vergängliche
    Ist ja von Dauer

Und in deinen Herzkammern lichterloh
Da brennen mir alle Türen
Ich kau deine Seele gebraten und roh
Und will unsre Sterblichkeit spüren
Und meine Zunge redet ja auch
In deiner, in manchen Zungen
Dein Kuß ist mein liebster Sprachgebrauch
So haben wir Ängste zersungen

    Wir beide singen das Sängliche ...

Es falln meine Lieder in' Kirschbaum ein
Wie zwitschernde Vogelschwärme
Ich les keine Zukunft in' Kaffeesatz rein
Noch in die zerrissnen Gedärme
Ich küß deine Wunde im Heute und Hier
Zerzaus deine duftenden Haare
Die Lebenssäfte sind mein Elixier
Bis ich in die Grube fahre

    Dort sing ich dann auch das Sängliche
    Verderbliche Gassenhauer
    Weil nur nur nur das Vergängliche
    Ist ja von Dauer

Dies sind ein paar frische Früchte und feuilles mortes im letzten Herbst des alten Jahrtausends: neue Lieder und Gedichte – und fast alle über Berlin, das alte, das neue.

1997/98 lebte ich zum ersten Male wieder in dieser kaltherzlichen Stadt. Im Schreckensjahr 1976, das ist nun bald ein Vierteljahrhundert her, bürgerten die Bonzen mich aus ihrer DDR aus.

Seit ich dann also im Westen leben mußte, flog ich gelegentlich auch nach Westberlin zu Konzerten. Bloß nicht im Auto durch die Grenzkontrollen! Bloß nicht mit der Eisenbahn! Bei solchen kurzen Besuchen freundete ich mich mit dem anderen Berlin aber nie an, ich kannte ein paar gute Leute da, doch diese westliche Hälfte der Stadt wollte ich gar nicht an mich ranlassen. Kein neues Lied blühte mir dort, kein Gedicht konnte da wachsen!

»Mein« Berlin, das war – was Wunder! – auf der anderen Seite, im grauen Osten. Und da galt mir der Brechtsatz: Keinen Gedanken verschwende auf das Unabänderbare!

Allein schon die Trennung von meinem Freund Robert Havemann schmerzte mich bei jedem Besuch in der »Frontstadt« heftiger als sonst, und so blieb ich nie länger als unbedingt nötig. Die lustig bemalte und besprayte Beton-Mauer mit der traurigen Hände-Abrutsch-Röhre oben drauf war eine phantastische Bilderwand mit frechen Sprüchen. Aber mich machte sie verrückt, denn ich wußte ja, wie grauenhaft dieser »antifaschistische Schutzwall« von der anderen Seite her gesehen aussah.

Inzwischen haben die Mauerspechte den bunten Beton der Berliner Mauer in Souvenirs zerbröselt. Acht Jahre nach der Wiedervereinigung, die manchen Deutschen und, pardon, auch Deutschinnen in West und Ost schon wie eine Widervereinigung (ohne »e« geschrieben) vorkommt, zog ich also mit meiner Familie für ein viel zu kurzes Jahr nach Berlin-Wilmersdorf. So erlebte ich die doppelte Stadt in dem geschichtsmächtigen Moment, da dieses preußische Vieldörferdorf sich nach dem heißen und nach dem kalten Krieg als Hauptstadt der Berliner Republik aufrappelt.

Ich wollte in Ruhe unter dem Dach des noblen Wissenschaftskollegs die Shakespeare-Sonette in meine Sprache bringen. Aber ostalgischer

Liebeskummer und nimmermüde Neugier rissen mich ins ordinäre Leben. Berlin Berlin Berlin – und Berlin. Ja, ich kam mit pochendem Herzen wie zu einer einstmals zukünftigen Verflossenen. Und das versteht sich, solch ein pathetisches Wiedersehen kann manchmal auch herzzerreißend komisch sein. Mich hat die neuangefangene Affaire mit meiner haßgeliebtesten Stadt wahnsinnig aufgeregt. Ich berührte sie zögerlich, und auch mich berührte das zupackende Weib, mit dem ich meine erste Lebenshälfte schön schmerzlebendig durchliebt hatte.

Mich lockt und zerreißt kein Ort so brutal wie der Unort Ostberlin. Solche Affekte sind kein Wunder, wenn man bedenkt, daß ich in den prägenden Jahren meines Werdens trotz der hanseatischen Kiemen hinter den Ohren ja auch ein »Baliiner« wurde, mit Berliner Schnauze und mit zumindest einer berlinischen Herzkammer.

Etliche Bilder meines Bilderbogens malte ich, das sei zugegeben, auch mit einem bösen Lächeln. Mir, der in dieser Stadt ja keine Besitztitel zu verteidigen hat, gehören nämlich für immer zwei Teilchen vom Ostberliner Kiez Mitte »janz pasönlich«: der preußische Adler auf der Weidendamer Brücke und meine Wohnung in der Chausseestraße 131.

Warum wieso? – Menschenskind, dort schrieb ich ja Verse, gegen die unsere allmächtigen Angstmacher im Politbüro der SED so schön machtlos waren. Aber ausgerechnet in meiner alten Höhle wohnt jetzt nicht irgendein netter Normalmensch, sondern dort haust ein mielkischer Kretin und spuckt kesse Töne. Das ist Realsozialismus pur.

Im linken Eingang der Nummer 131, Ecke Hannoversche, also an der stumpfen Ecke, zwei Treppen hoch – dort hatten mich bis zu meiner Ausbürgerung im November '76 Menschen aus der ganzen DDR besucht. Dort trafen sich in all den schweren Jahren oppositionelle Leute aus Polen und aus der Tschechoslowakei, aus Ungarn, aus der Sowjetunion. Und es flogen auch allerhand bunte linke Vögel aus dem Westen ein: Rudi Dutschke, Ulrike Meinhoff, Herbert Marcuse, Allen Ginsberg, Joan Baez. Unten vor der Tür, Tag und Nacht, und im Hausflur lümmelten die Spitzel der Staatssicherheit. Jedes Kind im Haus kannte die stumpfsinnigen Fressen, und jeder einzelne meiner Bewacher hatte bei uns seinen passenden Spottnamen.

Aus diesem hochpolitischen Meeting-Point wurde ich vor nun bald 24 Jahren in den Westen gejagt. Es klingt kurios, aber ich besitze für diese Wohnung immer noch einen gültigen Mietvertrag! Und der Grund dafür ist einfach zu erklären: Als die verdorbenen Greise im Politbüro der SED mich damals trickreich in den Westen trieben, dachten sie nicht mal im Alptraum daran, daß es je anders kommen könnte. Also wurde der Mietvertrag nie gekündigt – gewiß, das ist eine formale Lappalie, es war halt ein schlampiges Versäumnis von totalitären Bürokraten, die sowieso nichts mit irgendwelchen Normen des bürgerlichen Rechts am Hut haben.

In der westlichen Welt bei tausend Konzerten und im neualten Zuhause, im wunderschönen Altona an der Elbe, hatte ich diesen Tort fast vergessen. Aber nun, im westberlinischen Wilmersdorf, tat mir die längst verheilte Wunde doch wieder weh. Und genau das war womöglich ein Stachel in meinem Herzen, der mich zum Schreiben antrieb.

Ja, ich beneidete die Ostberliner mit einem weißem und manche auch mit dem schwarzen Neid (so sagen die Russen, und damit meinen sie den neidlosen Neid und den giftigen Neid). Ich mißgönnte es also so manchem alten Schweinehund, daß er in »meinem Kiez« wohnt. Ach! und in Berlin-Mitte das alte jüdische Scheunenviertel mit der renovierten Synagoge. Das ist alles nur ein Katzensprung von meiner Wohnung weg: Linienstraße, die Oranienburger, die Tucholskystraße … Hackescher Markt. Gespenstisch das Straßenbild: dort wimmelt es von Juden, die alle nicht mehr da sind. Und noch gespenstischer: In all meinen deutschdemokratischen Jahren, als ich mich in diesem Juden-Kiez herumtrieb, fiel mir das gar nicht so schmerzhaft auf! Der Blick ändert sich. Wenn ich nun Hannoversche Ecke Friedrichstraße vorbeikomme, dann verrenke ich mir doch den Hals, um »meine« Fenster zu sehn. Und dann leuchtet es mir ein: Das Exil fängt für manche erst so richtig an, wenn es vorbei ist. Dann erst spürt man die Kälte und die Fremdheit auch im eigenen Herzen. Ja, und dann zerfrißt einen der schwarze oder der weiße Neid – egal. Und so kam mir die rettende Idee: Wenn ich mir nach dem Zusammenbruch der DDR mein winziges Nest dort nicht zurückerobern kann, na dann okkupiere ich eben das ganze riesengroße Kaff Berlin im poetischen Handstreich. Dabei bin ich nicht der erste, der solch einen Coup versuchte. Mich inspirierte das Beispiel eines poète chanteur, den uns Toulouse-Lautrec mit dem großen roten Schal und dem schwarzen Schlapphut malte: Aristide Bruant. Dieser Edel-Clochard schrieb um die Jahrhundertwende seine Argot-Lieder über Paris auch so, als sollte man sich aus ihnen einen Stadtplan zusammensetzen. Mit Hilfe dieser Chansons konnte der Liederdichter sich die ganze Stadt bequem in die Tasche stecken, und er hat es geschafft!

Als wir 1998 für dieses eine Jahr also nach Berlin umgezogen waren, konnte ich mit meiner angetrauten Liebe die ersten Monate nicht durch die Stadt laufen, ohne daß sie mir irgendein kleineres Haus zeigte, das zum Verkauf stand, oder eine große Wohnung für unsre vielköpfige Familie. Mag sein, ich wollte auch zurück in meinen Kiez, womöglich aus einer erloschenen Altgier. Sie jedenfalls wollte – mit einer brennenden Neugier – soo gerne für immer nach Berlin umziehn, wo ja bald, im neuen Jahrtausend, die europäische Musike spielen wird!

Das Motiv meiner »Hamburger Deern« finde ich sympathisch: Sie war fest davon überzeugt, daß hinter der berühmten großen Berliner Schnauze auch ein großes Herz und ein größerer Verstand stehen müssen. Da ich in beiden Städten lange genug gelebt hatte, widersprach ich nicht. Inzwischen ist meine lebenskluge Schöne aus diesem holden Wahn erwacht, auch ohne meine lokalpatriotische Hamburgerei.

Im Grunde ist es – was'n Glück! – schon fast egal, wo wir wohnen. Die Musike, die ich meine, kommt sowieso aus meiner alten Weißgerber-Gitarre. Kein Grenzwächter kann uns noch abschießen oder schikanieren, kein uniformierter Höllenhund kann mich noch beißen wie am 4. November 1989 im Bahnhof Friedrichstraße, als ich vergeblich versuchte, mit meiner Gitarre im Kasten zu dem Massenmeeting der Ostberliner auf den Alexanderplatz zu kommen. Nun wohnen wir also wieder im vertrauten Altona, mit einer Berliner Träne im Knopfloch, es geht mir dabei besser, als ich denke. Und der schnelle Zug zwischen Hamburg und Berlin braucht inzwischen nur noch gute zwei Stunden.

Sechzehn Jahre alt war ich, als ich freiwillig und alleine von meiner Vaterstadt Hamburg in mein Vaterland DDR ging.

Ich wechselte in den Osten, weil ich mit den Genossen der kommunistischen Avantgarde das lernen sollte, was mir der kapitalistische Klassenfeind im Westen nie und nimmer beibringen konnte: Wir wollten das Himmelreich auf die Erde zwingen. Wir wollten eine soziale Idylle ohne Klassen und Klassenkämpfe herbeikämpfen. Wir träumten von einer idealen Gesellschaft ohne Rassismus, ohne Heuchelei, ohne Ausbeutung, ohne jegliche Unterdrückung, ohne Gewalt. Wir spekulierten auf einen ewigen Frieden – die ganze Welt sollte reales Utopia werden. Obwohl ich schon ein junger Mann wurde, habe ich solch einen Kein-Ort-Nirgends mit kindlicher Gläubigkeit herbeigesehnt. Heilfroh bin ich darüber, daß ich dieses falsche Hoffen auf solch ein Narrenparadies nicht noch mit mir bis zum Grabe schleppen muß. Ach Berlin, du schrecklichet Doppelweib, ick mußte dir wieda valassen – und diesetmal freiwillich. Aba valassen kannste dir uff mir: Icke, ick werde imma zu die Träumer und Rebelln jehören, die die Jesellschaft umkrempeln, die den Drachn, der grade anne Macht is, in' Rachen spuckn und ihm in't falsche Herze kiekn und piesackn. Und dies saje ich dir int jespaltene Jesicht uff hochdeutsch: Ein politisches Schlaraffenland ohne antagonistische Widersprüche – wer so etwas anpreist oder gar mit Gewalt durchsetzen will, der ist in meinen Augen ein Menschenfeind. Paradies? – Nee Danke! Ein humaner Garten Eden, in dem der starke Löwe dem Schaf das Gras wegfrißt, wäre für alle Löwen, und – verflixte Logik! – sogar für alle Schäfchen eine Hölle. Das einstmals heilige Wort Kommunismus ist längst entheiligt, ist zertreten und millionenfach verblutet hinter Stacheldraht. Und ich fürchte solche zynischen Erben der stalinistischen Nomenklatura, die nach all den historischen Erfahrungen diesen eitlen Tierversuch am elenden Menschengeschlecht noch einmal machen möchten.

Vierzig Jahre jung wurde ich grade, als Honecker, Mielke & Co. mich nach dem Konzert in der Kölner Sporthalle für immer und ewig aus dem Arbeiter- und Bauernparadies vertrieben. Heinrich Böll sagte in den aufgeregten Tagen im November 1976 in die Mikrophone der Medienmeute: »Wolf Biermann ist nun ein In-die-Heimat-Vertriebener«.

Was wir so Heimat nennen, ändert sich, denn wir selbst ändern uns in einer sich ändernden Welt. So kann das lebendige Leben eine Kette von verschiedenen Heimaten sein. Berlin ist und bleibt für mich das wichtigste Stück in dieser langen Lebenskette – und die wird halten. Mir ist um mich und meine Lieben manchmal bange, aber um Dir, Baliin, jaar-nich! Die Muttersprache bleibt am Ende die stabilste Heimat. Aber auch die kann man verlieren.

Meine angeborene Heimat war der betörende Teergeruch des fischfauligen Wassers in den Kanälen im Hamburger Hafen, das war der Brandgeruch in flammenhellen Nächten im Feuersturm von Hammerbrook unter dem Bombenteppich der Alliierten.

Wir leben nun wieder in Hamburg. Und weil ich ». . . kehre, woher ich kam«, steht am Ende des Berlin-Buches mit all den neuen Liebes- und Spottliedern und urbanen Sittenbildern und polemischen Portraits auch ein einziger Text, der schon vorher in einem meiner Bücher erschienen war: Die Ballade von der Elbe bei Hamburg. Da liefere ich nämlich am Schluß ein Selbstbild, will sagen: ein typisches Steckbrief-Foto, an dem man mich sogar im Dunkeln leicht erkennt:

> Durch allen Wandel bin und bleib ich auch mit weißem Bart
> Gebranntes Kind, das neugierselig nach dem Feuer sucht

Ich schreibe dieses Nachwort in den Tagen nach dem Tod von Jürgen Fuchs. Nun haben seine sehr verschiedenen Freunde ihn auf dem Heidefriedhof in Berlin-Altmariendorf begraben, er liegt dort nicht wie ein Soldat in einer Gräberreihe, sondern an einem Wiesenhang.
Ich schrieb für den Toten ein kleines Gedicht über die riesigen Rapsfelder, die in diesen trüben Tagen blühn. Auch der Nachruf auf Fuchs gehört zwischen diese beiden Buchdeckel, denn Jürgen hat mich bei der Arbeit an all diesen Texten ermuntert und kritisch begleitet.

Jürgen Fuchs hatte die verfluchte Krankheit vor zwei Jahren schon besiegt! Ich war mir immer sicher, daß er irgendwann mal die Totenrede auf mich halten würde, nicht ich auf ihn. Verdrehte Welt! Nun hat er den Kampf gegen den Blutkrebs doch verloren.

Es gibt keinen anderen Deutschen, der dermaßen tief die Psychologie von Tätern und Opfern des totalitären Regimes in der DDR kannte, keinen, der so genau den menschenfeindlichen Kontroll- und Vernichtungsapparat der Generäle Mielke und Markus Wolf durchschaute, und keinen, der es den Lesern seiner Bücher auch in so klarer Menschensprache dargestellt hat.

Jürgen Fuchs war 1976/77 neun Monate in der gefürchteten Untersuchungshaftanstalt der Staatssicherheit in Ostberlin gefangengehalten worden, im Jargon genannt: »Haus zur ewigen Lampe«. Man hat meinen Freund dann doppelt feige, nämlich ohne Prozeß, in den Westen abgeschoben.

Nicht etwa weil wir im alten Dreck wühlen wollen – nein, wir müssen das Erlebte und Erlittene benennen und begreifen, damit wir es wirklich loswerden. So geht es nun mal in der Weltgeschichte: Nach finsteren Zeiten eines schändlichen Krieges oder nach dem Sturz eines ruinösen Regimes wird der Streit um die Zukunft eines Landes immer auch entschieden im Streit um die wahrhaftige Darstellung der Vergangenheit. Wir können nämlich nicht wissen, was wird, wenn wir nicht wissen wollen, was war. Beispiel: Die Strahlen-Kanone im Stasiknast Gera.

Das wissen wir: Der rumänische Diktator Ceausescu ließ 1980 in Kronstadt streikende Arbeiter mit Gammastrahlen ermorden. Solch eine moderne Exekution mit unsichtbaren Kugeln, die man nicht hört und nicht spürt, entsetzt uns noch tiefer als altmodische Morde mit einer Salve aus der Kalaschnikow. Solche elektromagnetischen Strahlungen aus radioaktiven Radium- oder Kobalt-Kanonen ängstigen uns noch mehr als ein biederer Genickschuß aus der Pistole oder wenn ein Flüchtling an der Mauer in eine Selbstschußanlage geriet oder im verminten Todesstreifen verblutet. So eine Hinrichtung mit Strahlen kommt mir noch tückischer vor als ein Giftmord.

Es gibt Hinweise darauf, daß politische Häftlinge der DDR womöglich mit Röntgenstrahlen beschossen wurden. Der Verdacht liegt nahe, daß so manche Krebserkrankung entlassener Dissidenten eine Spätfolge dieser besonders infamen Folter ist. Jürgen Fuchs hegte die Vermutung, daß seine tödliche Krankheit nicht gottgewollt war, sondern menschengemacht. Alles olle Kamellen?

In der Gauck-Behörde arbeiten bis heute Ex-MfS-Offiziere, und Jürgen Fuchs fand das skandalös. Er kannte wahrscheinlich genausogut wie diese sogenannten Blindenhunde die Wege und Schlupfwinkel und Kodes und Querverweise auf raffiniert abgeschottete Informationen im Akten-Labyrinth der Staatssicherheit. Freilich mit einem kleinen Unterschied: Er recherchierte auf seiten der Opfer und nicht etwa, um die Akten solcher Täter, die heute dummfrech in Parlamenten oder Regierungsämtern sitzen, von belastenden Details zu säubern.

Wir kannten ihn als einen sanftmütigen und wahrhaftigen und zuverlässigen Freund. Er knüpfte ein Netzwerk gegenseitiger Hilfe und Information. Er ermutigte resignierte Opfer, er motivierte müdegewordene Bürgerrechtler. Und bei alldem war er alles andere als der haßerfüllte Eiferer und rachsüchtige Geiferer, als den ihn die Erben der DDR-Nomenklatura immerzu hinstellen. Er war lustig, aber nie albern. Er war ironisch, aber nie zynisch. Er war ernst, aber nie triefend. Ja, er beharrte, aber er trumpfte nie auf.

Er überlebte ein Bombenattentat des MfS vor seinem Wohnhaus in Berlin-Tempelhof. Jahrelang wurde er systematisch in Westberlin von IMs aus der Firma »Horch & Guck« terrorisiert. Gedungene Agents provocateurs wollten ihn einschüchtern, gekaufte Meinungsmacher wollten ihn diffamieren und kleinreden. Psychoterror am Telefon, fingierte Todesanzeigen, Erpressungsversuche, Rufmord, Bedrohung der Kinder. Wenige haben es am eigenen Leib so deutlich erfahren: Die Täter in all den Ostblockländern werden ihren Opfern niemals verzeihn. Fuchs selber sah sich im übrigen nicht wehleidig als Märtyrer. Er war eher ein unermüdlicher Täter, im allerbesten Sinn.

Wer ewig immer nur »angaschiert« ist, also der ewige Beobachter, was sieht der schon? – Nix! Wer nie im Staub der Kampfarena schwitzte und blutete, sondern immer nur aus der Loge des Zuschauers tief betroffen mitlitt, neigt zum süffisanten Rigorismus. Nette Leute, die immer nur Leiden aus zweiter Hand mitleiden, werden leicht kalt, großkotzig, hartherzig und rachsüchtig. Wie so manche tapferen Oppositionellen, die am eigenen Leibe das Härteste durchlitten, war Jürgen Fuchs geradezu evangelisch versöhnungssüchtig. Freilich: Wie kann man Untaten verzeihen, die im nachhinein von den Tätern sogar aggressiv geleugnet werden. Jürgen Fuchs war zartfühlend, aber kein Zauderer. Er überwand die Feigheiten, die in uns allen stecken, aber er blieb dennoch ein vorsichtiger Mann. Er galt unter den DDR-Dissidenten nicht als Scharfmacher, eher als ein gelassener Untertreiber.

Und darin sehe ich nicht nur den Ausdruck seines Charakters, sondern auch eine angelernte Vorsicht. Im Sinne der sympathischen Berufskrankheit eines professionellen Psychologen sah er den kaputten Menschen immer komplex, nämlich als krankes Produkt einer kranken Gesellschaft und dennoch voll verantwortlich für sich selber.

Dieser hochkarätige Intellektuelle konnte nie ein abgehobener Schwarmgeist werden, denn er bewegte sich sein Leben lang zuverlässig auf dem festen Boden einer tagtäglichen Praxis. Jürgen Fuchs leitete nämlich seit fast zwanzig Jahren eine psychotherapeutische Sozialstation im Westberliner Moabit, wo er Drogenabhängigen im Kampf gegen das Rauschgift half. Er betreute Straßengangs Halbwüchsiger, er zeigte ihnen Möglichkeiten, ihren zerstörungswütigen Frust in produktive Energien umzuwandeln. Jungen Arbeitslosen am Rande der Verwahrlosung besorgte er Lehrstellen, mißbrauchten Kindern leistete er behutsamen Beistand.

Ja, Jürgen Fuchs ist tot. Aber ohne alle Salbaderei, die sich in pathetische Nachrufe so leicht einschleicht, kann ich behaupten: Dieser Mensch lebt wirklich weiter. Er lebt sogar dreifach weiter. Böse gesagt: Er bleibt lebendig im unsterblichen Haß der Leute, die sich vor seinem Insiderwissen und vor seiner Lauterkeit auch noch fürchten werden, wenn dieser Mann mit dem guten Gedächtnis endlich unter der Erde liegt. Jürgen Fuchs lebt aber vor allem schön altmodisch weiter als Freund und moralische Instanz in uns. Am haltbarsten lebt er in seinen Büchern, die alle beim Rowohlt-Verlag erschienen sind. Also: angefangen mit den präzisen »Gedächtnisprotokollen« über realsozialistische Hetzjagden, über seine lehrreichen Verhöre im VEB Knast. Er veröffentlichte zwei Romane über die unerhörten Erfahrungen eines ganz normalen Rekruten der Nationalen Volksarmee der DDR, »Fassonschnitt« und »Das Ende einer Feigheit«.

Vollendet hat sich dieser Schriftsteller in dem Dokumentar-Roman »Magdalena«. Der irreführend erotische Titel erklärt sich aus dem Spottnamen für Mielkes Imperium an der Ostberliner Magdalenenstraße. Wer dort gefangengehalten wurde und verhört und gequält, der sagt mit sarkastischer Traurigkeit: Ich lag ein Jahr auf der Pritsche bei ... Magdalena. Eine fiktive Romanfigur hat Jürgen Fuchs in seinem opus magnum erfunden, und die wird für lange Zeit lebendig in uns bleiben: Es ist diese verrücktvernünftige innere »Knaststimme«, die ihm in bedrängten Momenten beisteht und ihm ohne alle Rührseligkeit ein paar nötige Wahrheiten sagt.

Wäre ich gläubig, würde ich denken: Es war eine höhere Fügung, daß ich Hamburger zufällig in Berlin zu tun hatte, grad als es mit meinem Freund zu Ende ging.

In der Nacht, gegen fünf Uhr früh, hatte er den Stationsarzt an sein Bett geklingelt und formulierte mit schwer zerbissener Zunge sein eigenes Todesurteil: »Ich glaube, ich habe eine Hirnblutung ...« Die Selbst-Diagnose erwies sich als grauenhaft korrekt. Seine Frau Lilo eilte zu ihm, seine Schwester Christine.

Als ich gegen neun in das Moabiter Virchow-Krankenhaus kam, konnte er schon nicht mehr sprechen. Die Augen hielt er geschlossen. Aber er hörte offenbar genau, was ich sagte, denn er antwortete auf meine Fragen mit Ja und mit Nein per Händedruck: einmal drücken: Ja. Zweimal drücken: Nein. Und das paßt zu Jürgen Fuchs: Er gehörte zu den Zeitgenossen, die mit der Kompliziertheit aller Probleme ringen, aber dennoch sagte er immer auch deutlich Ja und Nein. So standen wir etwas hilflos um sein Bett herum, sein Atem ging schwer und schwerer. Trinken konnte er nicht mehr. Am Kopfende ein Plastiksack mit Wasser, das ihm über den festinstallierten Port in eine Vene über dem Herzen lief. Aber so, wie die Flüssigkeit über den Schlauch in seinen kranken Kreislauf tropfte, so tropfte das Leben ihm mit jedem Atemzug aus dem chancenlos kämpfenden Körper.

Er streckte seinen Arm hoch und griff nach meinem Kopf und faßte mir in die Haare, in den Bart. Dann streichelte er mir tröstend, wie einem Kind, das Gesicht. Da fiel mir auf, daß wir uns früher so gut wie nie angefaßt hatten. Und dann begriff ich, daß in dieser verdrehten Abschiedsszene ich Alter der kleine Junge war und er mit seinen 48 Jahren war ... der Alte.

Es kamen dann noch seine jüngste Tochter Jenka, sein Neffe Michael. Meine Frau Pamela schaffte es dann endlich, Robert Havemanns Frau Katja und ihre Tochter Franziska heranzutelefonieren.

Und sogar unsere alte Freudin Bärbel Bohley war grade für ein paar Tage aus Kroatien zu Besuch und schaffte den Weg zum Krankenhaus.

Als seine Mutter und sein Vater endlich ankamen, war die Tragödie komplett: verwaiste Eltern.

Jürgen hatte die letzte Grenze schon fast überschritten. Aber der alte Vater keuchte: »Mich versteht er! Ich kann immer noch mit ihm alles sprechen!! Wir sind ja Funker, alle beide!!!« Und der Mann hatte recht, denn anders als ich, war er ja nicht auf das ärmliche »Ja« und »Nein« angewiesen. Das wußte ich von ihm: Er selbst war sogar – und stolz darauf – »Spezialfunker bei der Luftwaffe« in der Deutschen Wehrmacht gewesen. Und sein Sohn war ja bei der Nationalen Volksarmee der DDR auch als Funker ausgebildet worden. Und ich weiß, die beiden hatten manchmal zum Spaße sich mit Morsezeichen verständigt. Der Vater tickte nun seine Zeichen in die bleiche Hand des Sohnes, erst vorsichtig, dann immer stärker. Am Ende morste er mit verzweifelter Heftigkeit. Es kam keine Antwort mehr.

Wir saßen und standen da bis zu seinem letzten Atemzug um unseren Freund herum, stumm wie die fassungslosen Kinder am Bett ihres scheidenden Vaters. Egal, ob wir älter oder jünger waren als er, egal ob verwandt oder befreundet, für uns alle war dieser Jürgen Fuchs eine Vaterfigur.

Schon als Robert Havemann und ich ihn Anfang der 70er Jahre kennenlernten, war dieser freundlich-ernste junge Kerl aus Reichenbach im Vogtland »älter«, will sagen: reifer als wir alle zusammen.

Jetzt, da er tot ist, kann ich es ja ungeniert sagen: Jürgen Fuchs war ein weiser Mann. Weise war der schon als Absolvent der psychologischen Fakultät der Uni Jena. Wo es dermaßen viele ehrwürdige weißhaarige Trottel gibt, da mag es doch auch mal einen blutjungen Weisen geben. Moralisch-politisch hatte er den Rang eines Václav Havel. Allerdings leben wir nun mal in Deutschland, und da könnte so einer wohl niemals so etwas werden: Präsident einer Demokratie.

Als ich ihm kurz vorm Ende verlegen und hilflos mit der Hand über die geschlossenen Augen fuhr, lag mein kleiner Finger direkt auf der starken dunkelblauen Narbe, die Jürgen Fuchs seit 1975 auf dem Höcker seiner Nase trug. Es war die bleibende Erinnerung an einen Autounfall mit dem Trabi-Kombi unseres Freundes Robert Havemann. Jürgen war damals mit seiner Frau Lilo und dem Baby Lili auf einer völlig leeren Autobahn in Thüringen mit bescheidener Geschwindigkeit gefahren, ich glaube zu seinem Freund Reiner Kunze. Plötzlich reagierten die Vorderräder nicht mehr auf das Lenkrad. Der Wagen war manipuliert worden.

Die »Firma« hatte bei dieser guten Gelegenheit offenbar mal seine »Schnellsterblichkeit« messen wollen. Die kleine Familie überschlug sich dreimal. Vater, Mutter und Töchterchen wurden aus der fahrenden Pappkiste geschleudert. Aber ein rettender Engel sorgte dafür, daß unser Freund mit diesem schweren Hieb über die Nase davonkam, und seine Lieben kamen damals zum Glück mit dem Schrecken davon.

Verflucht, dachte ich nun im Virchow-Krankenhaus, wo treibt sich dieser säumige Schutzengel grade jetzt rum! Warum hilft er unserem Freund nicht in dieser Not?!

Ja, wir standen wirklich hilflos wie die Kinder am Bett des sterbenden Vaters. Aber die Jüngste, seine zarte Tochter Jenka, saß mit großer Seelenruhe an seiner Seite und hielt ihn fest. Und sie sang ihn, tonlos, wie eine kleine Mutter ihr krankes Kind, in den Schlaf.

Gut, daß Jürgen Fuchs grade noch sein großes Buch »Magdalena« vollendet hat. Jammerschade, daß er das folgende Buch über die Zeit im Westen nicht mehr vollenden konnte. In den Fragmenten und Materialien werden wir lesen können, wie die MfS-Methoden der Zersetzung gegen unsereins von hochkarätigen Agenten auch im Westen und quer durch alle Parteien und Berufe systematisch weitergeführt wurden. Und das ist, pardon, auch ein weites Feld. Der Fuchs ist tot. Aber frohlockt nicht, ihr Hinterbliebenen aus Mielkes Lumpenkiste! Drängt euch in Ämter, lümmelt euch in den Parlamenten, belehrt die Demokraten über Demokratie und Rechtsstaat, kassiert eure Renten vom alten Klassenfeind, knüpft eure Seilschaften, spreizt euch keck in Talkshows – den großen Streit am Ende dieses Jahrtausends in Deutschland habt ihr doch verloren.

Auch deswegen singe ich in meinem neuen Lied die halbe Lüge wie eine ganze Wahrheit: »Um Deutschland ist mir gar nicht bang …«

Es ist ein unverdientes, also ein echtes Glück, daß unser Land nicht mehr zerrissen ist. Was 'n Gewinn, daß wir endlich mal neue Probleme haben und nicht mehr die alten!

Noch vor wenigen Wochen zeigte ich Jürgen Fuchs mein neues Gedicht über einen Kumpel, der mit ihm damals im gleichen Ostberliner Knast Hohenschönhausen gesessen hatte, ich meine den DDR-Rockpoeten Gerulf Pannach, der vor einem Jahr in West-Berlin auch an Krebs starb. Ich las also die Schlußzeilen vor:

Der Tod kommt immer zu früh
Und kommt uns immer zu spät

Und da reagierte mein behutsamer Jürgen Fuchs unvermutet schnell und schroff:
»Der Tod kommt uns zu spät?? Mensch Wolf, das ist kokett!! Vonwegen ›kommt zu spät‹! Da gefällt mir viel viel besser dein Vers für Arno Lustiger:

Bald kommt der Tod ... ich traf ihn oft
Er bleibt mein Feind, dem ich auch nicht
Zum Schluß gereimte Rosen streu ...

Nee, nee Wolf, mit dem Tod macht man nicht so dialektische Scherze, er ist zu ernst. Der Tod ist groß.«

November '36

geboren in Hamburg. Beide Eltern Arbeiter, beide auch Kommunisten. Der Vater saß politisch und wurde 1943, weil er außerdem noch Jude war, aus dem Gefängnis in Bremen nach Auschwitz entlassen und dort ermordet. 1953, also mit 16 Jahren, kurz nach Stalins Tod und kurz vor dem Arbeiteraufstand am 17. Juni, übersiedelte Wolf Biermann aus seiner Vaterstadt in sein rosarotes Vaterland und wurde Bürger der DDR.

Abitur, Studium der Wirtschaftswissenschaften, Regieassistenz am Brechttheater »Berliner Ensemble«. Dann absolvierte er an der Humboldt-Uni ein zweites Studium (Philosophie, Mathematik). Gründung und Leitung des legendären »b.a.t.«-Theaters im Prenzlauer Berg bis zu dessen Verbot 1963. Erste Lieder und Gedichte seit 1960. Bis 1965 trat er mit den jeweils nicht verbotenen Liedern in der DDR auf. Im Herbst 1964 und Ostern '65 durfte er über die Mauer zu Konzerten in den Westen fahren. Die DDR-Obrigkeit hoffte, daß der unbequeme Kritiker entweder drüben bleibt oder sich durch Wohlverhalten dieses Reise-Privileg erhält.

November '65

Beginn des totalen Auftritts- und Publikationsverbots in der DDR. Seine Lieder und Gedichte verbreiteten sich in der DDR von da ab immer mehr durch Handabschriften und Tonbandkopien. Robert Havemann und Wolf Biermann waren die radikalsten Kritiker gegen die Parteidiktatur über das Volk in der DDR. Der Konflikt verschärfte sich seit der Niederschlagung des »Prager Frühlings« 1968, und er kulminierte im

November '76

Gegen alle Rechtsnormen - auch der DDR - wurde Wolf Biermann von den Bonzen der Partei, nach einem Konzert für die IG-Metall in Köln, ausgebürgert. Die Protestbewegung gegen diesen Willkürakt markiert für viele Menschen den Anfang vom Ende des SED-Regimes.

Auch im Westen mischte Wolf Biermann sich mit neuen Liedern und Gedichten ein. Konzertreisen in viele Länder der Welt. Neben den Liedern schreibt er immer auch Gedichte.

November '89

erzwangen Bürgerrechtler der DDR ein erstes Biermann-Konzert in Leipzig. Am 1. Dezember trat er vor achttausend Menschen in der Messehalle II auf. Unglaublich, aber wahr: Dieses politisch brisante Konzert wurde vom DDR-Fernsehn und vom Westfernsehn am gleichen Abend in voller Länge gesendet. Seit 1989 schrieb Biermann eine Serie politisch-literarischer Essays über die deutsche Wiedervereinigung. Er hielt 1993 bis 1995 auch Vorlesungen als Gastprofessor an der Heine-Universität Düsseldorf. Der Dichter wurde ausgezeichnet mit Literaturpreisen, die sich an so große Namen wie Fontane, Jacques Offenbach, Friedrich Hölderlin, Eduard Mörike, Georg Büchner und Heinrich Heine hängen.

Wolf Biermann ist Vater von 9 Kindern. Seit der Ausbürgerung lebt er wieder in seiner Vaterstadt.

Seit November '89

in zweiter Ehe verheiratet mit Pamela Biermann, wohnt er im lebendigsten Teil von Hamburg: in Altona. Für ein Jahr (1997/98) lebte er als Fellow am Wissenschaftskolleg zu Berlin.

Die Drahtharfe (1965) · Mit Marx- und Engelszungen (1968) · Deutschland, ein Wintermärchen (1972) · Für meine Genossen (1972) · Berichte des Julij Daniel aus dem sozialistischen Lager (1972) · Das Märchen vom kleinen Herrn Moritz (1973) · Die große Drachentöterschau: Der Dra-Dra (1974) · Nachlaß 1 (1977) · Der preußische Ikarus (1978) · Verdrehte Welt, das seh ich gerne (1982) · Das Märchen von dem Mädchen mit dem Holzbein (1984) · Affenfels und Barrikade (1986) · Klartexte im Getümmel (1989) · Über das Geld und andere Herzensdinge (1991) · Alle Lieder (1991) · Der Sturz des Dädalus (1992) · Großer Gesang des Jizchak Katzenelson vom ausgerotteten jüdischen Volk (1994) · Alle Gedichte (1995) · Wie man Verse macht und Lieder – eine Poetik in acht Gängen (1997) (früher: Wagenbach, Berlin, seit 1976 Kiepenheuer & Witsch, Köln)

SCHALLPLATTEN / CDs

Wolf Biermann (Ost) zu Gast bei Wolfgang Neuß (West) (1965) · Vier neue Lieder (1968) · Chausseestraße 131 (1969) · Warte nicht auf beßre Zeiten (1973) · aah-ja! (1974) · Liebeslieder (1975) · Es gibt ein Leben vor dem Tod (1976) · Das geht sein' sozialistischen Gang (Doppel CD: Live das Kölner Konzert zur Ausbürgerung (1977) · Der Friedensclown (Kinderlieder) (1977) · Trotz alledem! (1978) · Hälfte des Lebens (1979) · Eins in die Fresse, mein Herzblatt (Doppel CD, 1980) · Wir müssen vor Hoffnung verrückt sein (1982) · Im Hamburger Federbett (1983) · Die Welt ist schön (1985) · Seelengeld (Doppel CD, 1986) · VEB-volkseigener Biermann (1988) · Gut Kirschenessen (1990) · Nur wer sich ändert, bleibt sich treu (1991) · Süßes Leben – saures Leben (1996). Brecht, deine Nachgeborenen (Doppel CD,1999) · Paradies uff Erden – ein Berliner Bilderbogen (1999)
(alle erhältlich bei Zweitausendeins im Versand: Postfach D-60381-Frankfurt/Main oder in den »2001«-Läden Berlin, Düsseldorf, Essen, Freiburg, Hamburg, Köln, München, Nürnberg, Saarbrücken, Stuttgart)
Außerdem ist über BMG-Ariola jetzt eine Doppel-CD mit 36 Liedern erhältlich:
»Lieder vom Preußischen Ikarus« – The Best of Biermann – (das sind 18 Lieder aus Biermanns Ost- und 18 Lieder aus seiner West-Zeit.)

Die CD
»Paradies uff Erden«

erscheint
am 15. August 1999
bei Zweitausendeins